Schriften zum Sportrecht

herausgegeben von

Band 31

Thaya Vester

Zielscheibe Schiedsrichter

Zum Sicherheitsgefühl und zur Opferwerdung von Unparteiischen im Amateurfußball

Nomos

Die Deutsche Bibliothek verzeichnet diese Publikation in
der Deutschen Nationalbibliografie; detaillierte bibliografische
Daten sind im Internet über http://dnb.ddb.de abrufbar.

ISBN 978-3-8487-0388-3

1. Auflage 2013

Danksagung

Plötzlich und weit vor Anpfiff erschien unsere Tochter auf dem Spielfeld. Ihr Frühstart ins Leben würfelte meine Pläne ordentlich durcheinander. Maresa und Mirko, ich danke Euch beiden, dass Ihr mich dieses Buch habt fertigstellen lassen.

Ich danke allen ehren- und hauptamtlichen Mitarbeiterinnen und Mitarbeitern des Württembergischen Fußballverbands e.V. und allen anderen Personen aus meinem privaten und beruflichen Umfeld, die mit mir in den letzten beiden Jahren lebhafte Diskussionen über den Fußballsport führten und damit auch meine Forschungstätigkeit anregten und unterstützten. Im Besonderen danke ich dem geschäftsführenden Vizepräsidenten Herrn Michael Hurler, der das Gesamtprojekt von Anfang an unterstützte und mit auf den Weg brachte. Zu danken ist auch den weiteren Verantwortlichen des Verbands und des Deutschen Fußball-Bunds e.V., die ermöglicht haben, dass das Projekt »Gewaltphänomene im Amateurfußball«, das dem Institut für Kriminologie der Universität Tübingen entspringt, auch finanziell unterstützt wurde.

Für die wöchentliche Hilfestellung der Abteilung Recht der wfv-Geschäftsstelle in Form von zusätzlichen Recherchearbeiten, wiederkehrender Zusatzbelastung durch meine Anwesenheit und einem immer offenen Ohr bin ich Herrn David Biedemann, Herrn Frank Thumm, Frau Katharina Weyhe und Frau Anna Meßthaler zu großem Dank verpflichtet. Auch die Abteilung Spielbetrieb/Schiedsrichterwesen (insbesondere Herr Thomas Proksch und Frau Christel Geltenbort-Maier) unterstützte mich maßgeblich bei der Organisation.

Ein besonderer Dank für diesen Projektabschnitt gebührt – stellvertretend für alle SR-Lehrwarte – Herrn Verbandslehrwart Horst Ebel, der eine große Hilfe bei der Umsetzung der Umfrage war. Ohne die Unterstützung der Lehrwarte, die den Fragebogen für die Schiedsrichter bereitwillig (und vor allem kurzfristig!) in ihre Schulungen integriert haben, wäre dieses Teilprojekt nicht realisierbar gewesen.

Ebenso bedanke ich mich bei den wissenschaftlichen Hilfskräften, die mich bei der Dateneingabe unterstützten, und bei meinen Korrekturleserinnen Anita, Bernadette und Sophia.

Zu guter Letzt habe ich meinen akademischen »Vätern« zu danken, für die Disziplin Soziologie Herrn Prof. Dr. Christoph Deutschmann, für die Rechtswissenschaft bzw. Kriminologie Herrn Prof. Dr. Jörg Kinzig (von dem auch die Projektidee stammt) und Herrn Prof. Dr. Hans-Jürgen Kerner sowie für die Sportwissenschaft Herrn Prof. Dr. Ansgar Thiel. Von allen habe ich viel gelernt und wissenschaftliche Prägung erfahren.

Vorwort

Dass Schiedsrichter durch Zuschauer, Spieler, Trainer oder Ordner kritisiert, beschimpft oder gar tätlich angegangen werden, ist kein neues Phänomen. Doch die Diskussion über die Arbeit von Schiedsrichtern in der Öffentlichkeit beschränkte sich in der Regel auf Fehlurteile oder die Notwendigkeit technischer Hilfsmittel. Dabei wurde lange übersehen, welches Ausmaß die physische und psychische Gewalt gegen Schiedsrichter bereits angenommen hat. Erst die Angriffe auf den Bundesligaschiedsrichter Wolfgang Stark durch Spieler im Rahmen des Relegationsspiels der ersten Fußball-Bundesliga zwischen Hertha BSC und Fortuna Düsseldorf oder die tödliche Prügelattacke von Nachwuchsspielern des niederländischen Vereins SV Niew Sloten auf den Schiedsrichter-Assistenten Richard Nieuwenhuizen haben in einer breiteren Öffentlichkeit ein Bewusstsein für diese Problematik erzeugt.

Auch die Wissenschaft hat sich lange Zeit nur wenig mit diesem Thema befasst. Entsprechend wurde auch die Diskussion über geeignete Maßnahmen zur Vorbeugung von Gewalt gegen Schiedsrichter vor allem von engagierten Verbandsvertretern geführt.

Damit füllt die vorliegende Studie eine Lücke. Die Studie ist Teil eines vom Württembergischen Fußballverband (wfv) und vom Deutschen Fußball-Bund geförderten Forschungsprojekts, das vom Institut für Kriminologie der Universität Tübingen initiiert und dort in Kooperation mit dem Institut für Sportwissenschaft der Universität Tübingen durchgeführt wurde.

Die Studie ist einzigartig. Um eine repräsentative Datenbasis zu erhalten, wurden 2602 Schiedsrichter aus dem Amateurbereich befragt. Dabei arbeitete die Autorin, Thaya Vester, eng mit Vertretern des wfv zusammen und konnte bei ihren Analysen daher auch auf Praxiswissen von Funktionären, Lehrwarten und Mitarbeitern der Rechtsabteilung des wfv zurückgreifen.

Die erhobenen Daten sind so umfangreich, dass sie drei Bände füllen. Der vorliegende Band ist der erste der Reihe. Er liefert nicht nur Informationen darüber, wie häufig Schiedsrichter Opfer von physischer und psychischer Gewalt werden, sondern auch wie sicher sie sich auf und neben dem Platz fühlen. Und er zeigt, dass der wfv mit seinen Präventionsmaßnahmen notwendige und richtige Schritte zum Schutz der Schiedsrichter unternimmt.

Die Sportorganisationen tun gut daran, die Sicherheit der Schiedsrichter zu einer prioritären Angelegenheit zu machen. Die Anzahl der jungen Menschen, die bereit sind, als Schiedsrichter oder Schiedsrichter-Assistenten zu fungieren, wird in den nächsten Jahrzehnten schon alleine aus demographischen Gründen mit großer Wahrscheinlichkeit noch mehr abnehmen. Ist die Sicherheit von Schiedsrichtern auf dem Platz nicht gewährleistet, dann werden noch weniger Menschen bereit sein, ihre freie Zeit zu opfern, um Fußballspiele zu leiten. Und eins macht die vorliegende Studie ganz klar: Auch bei den heute aktiven Schiedsrichtern ist die Bereitschaft, sich dem Risiko von physischen und/oder psychischen Attacken durch Zuschauer, Spieler, Trainer oder Ordner auszusetzen, begrenzt. Die Studie sollte daher ein Appell an alle Beteiligten sein, dieses Risiko so gering wie möglich zu halten. Denn ohne Schiedsrichter gibt es auch keinen organisierten Fußballsport.

Prof. Dr. Ansgar Thiel

Direktor des Instituts
für Sportwissenschaft
Universität Tübingen

Prof. Dr. Jörg Kinzig

Direktor des Instituts
für Kriminologie
Universität Tübingen

Inhaltsverzeichnis

Abkürzungsverzeichnis

a.a.O.	am angegebenen Ort
ANOVA	analysis of variance (dt.: Varianzanalyse)
BMI	Bundesministerium des Innern
BMJ	Bundesministerium der Justiz
bspw.	beispielsweise
bzw.	beziehungsweise
DFB	Deutscher Fußball-Bund
d.h.	das heißt
dt.	deutsch
et al.	et alii
etc.	et cetera
e.V.	eingetragener Verein
f./ff.	folgende
FIFA	Fédération Internationale de Football Association (dt : Internationale Föderation des Verbandsfußballs)
HFV	Hessischer Fußball-Verband e.V.
Hrsg.	Herausgeber
mind.	mindestens
m.w.N.	mit weiteren Nachweisen
n	Anzahl
Nr.	Nummer
Rn.	Randnummer
RuVo	Rechts- und Verfahrensordnung des Deutschen Fußball-Bunds
s.o.	siehe oben
SR	Schiedsrichter
Std.	Standard
StGB	Strafgesetzbuch
u.	und
u.a.	und andere
UEFA	Union of European Football Associations (dt.: Vereinigung Europäischer Fußballverbände)
vgl.	vergleiche
wfv	Württembergischer Fußballverband e.V.
z.B.	zum Beispiel
zit.	zitiert

1. Einleitung

»Ich hau dir auf die Fresse, Schiri!« – Fußballschiedsrichter[1], ganz gleich in welcher Spielklasse, sind häufig dem Unmut von Spielern und Zuschauern ausgesetzt. Das Schimpfen auf den Unparteiischen gehört für viele Fans fest zum Repertoire. Besonders erfreulich ist dieser Umstand nicht, richtig brenzlig wird es jedoch, wenn sich dieser Unmut steigert und nicht mehr nur verbal geäußert, sondern in Taten umgesetzt wird. Vor solchen Erfahrungen sind auch FIFA-Schiedsrichter nicht gefeit, wie Wolfgang Stark am 15.05.2012 am eigenen Leibe erleben musste. Der Unparteiische leitete das Rückspiel der Relegation der ersten Fußball-Bundesliga zwischen den Vereinen Hertha BSC und Fortuna Düsseldorf, das als Skandalspiel in die Fußballgeschichte einging. Zum einen führte ein verfrühter Platzsturm von freudetrunkenen Düsseldorfer Fans, die sich fälschlicherweise bereits sicher in die 1. Bundesliga aufgestiegen wähnten, zu einer zwanzigminütigen Spielunterbrechung. Zum anderen wurde der Schiedsrichter Wolfgang Stark von mehreren frustrierten Berliner Spielern körperlich attackiert. Traurige Berühmtheit erlangte dabei der Spieler Lewan Kobiaschwili, der ihm im Kabinengang einen Faustschlag von hinten verpasste.[2] Neben dieser Entgleisung wurde der Schiedsrichter von weiteren Spielern angegangen.

Auch im Verbandsgebiet[3] des Württembergischen Fußballverbands e.V. (wfv) richteten sich in den letzten Jahren immer wieder gewalttätige Handlungen gegen Unparteiische: in der Spielzeit 2009/2010 wurden 49 tätliche Angriffe gegen Schiedsrichter gezählt, in der Spielzeit 2010/2011 waren es 39. Darunter befanden sich »einfache« Ohrfeigen, blutig geschlagene Nasen, aber auch Schiedsrichter, die bereits auf dem Boden liegend getreten wurden. Diese Vorkommnisse sind ohnehin schon beschämend. Bedenkt man jedoch, dass sich Schiedsrichter

1 Da der größte Teil der Schiedsrichter männlichen Geschlechts ist, wird zur Vermeidung der doppelten Nennung männlicher und weiblicher Formen die männliche Sprachform gewählt; dies dient ausschließlich der besseren Lesbarkeit.

2 Dieses Vergehen wurde mit einer Spielsperrstrafe von sieben Monaten sanktioniert, was einen Rekord im deutschen Profifußball darstellt.

3 Das Verbandsgebiet ist in 16 Bezirke aufgegliedert und streckt sich von Friedrichshafen bis nach Bad Mergentheim und von Freudenstadt bis nach Ulm. Derzeit umfasst der wfv rund 1800 Vereine mit über einer halben Million Mitglieder. Während der Saison finden wöchentlich etwa 5000 Spiele statt.

ehrenamtlich dieser Gefahr aussetzen, stellt sich im Besonderen die Frage, ob man so etwas verhindern kann.

Wie lässt sich solches Verhalten erklären? Der Schiedsrichter ist eine Figur, an der sich die Geister scheiden; in irgendeiner Form wird mit den Entscheidungen des Schiedsrichters häufig gehadert. Dabei handelt es sich keineswegs um ein neues Phänomen, Anfeindungen des Schiedsrichters sind so alt wie das Schiedsrichterwesen selbst. So haben sich Schiedsrichter schon von jeher mit dem Vorwurf der Bestechlichkeit auseinanderzusetzen, was sich nicht zuletzt auch in den jeweiligen Moden der Beleidigungen zeigt. So berichtete WOLF im Jahr 1962 darüber, dass vor der Einführung der D-Mark in ländlichen Gebieten gern der Begriff »Kalorienschiedsrichter« zur Verunglimpfung des Schiedsrichters gebraucht wurde. Damit sollte zum Ausdruck gebracht werden, dass dem Schiedsrichter von der gegnerischen Mannschaft Lebensmittel zugeführt worden sein müssten (WOLF 1962: 27). Als aktuelleres Beispiel ist der Wettskandal aus dem Jahr 2005 um den ehemaligen DFB-Schiedsrichter Robert Hoyzer zu nennen, dessen Name mittlerweile zu einem Synonym des Wettbetrugs wurde; *»Hoyzer!«* gilt inzwischen in der DFB-Rechtsprechung als »mittelschwerer Fall« einer Beschimpfung (HILPERT 2009: § 8 Nr. 1e RuVO Rn. 61).

Dementsprechend war und ist das Thema der Spielmanipulation durch Schiedsrichter auch immer wieder Gegenstand wissenschaftlicher Auseinandersetzung (vgl. etwa ZIEHER 2009: 26ff.). Auch sonst rückt die Figur des Schiedsrichters immer häufiger ins Rampenlicht.[4] Im Blickpunkt der Forschung steht dabei jedoch weniger die Rolle des Schiedsrichters in Konflikten, sondern andere Aspekte wie etwa die Kommunikation von Schiedsrichtern (RIMKUS 2001) oder deren Fehlentscheidungen (z.B. HILPERT 2010). Auch werden immer wieder Beeinflussungsfaktoren auf das Entscheidungsverhalten von Schiedsrichtern im Allgemeinen (FEINER 2011) oder ganz spezifisch, etwa die Lautstärke des Heimpublikums (UNKELBACH & MEMMERT 2010) oder bei der Vergabe von Verwarnungen, thematisiert und untersucht (MEMMERT et al. 2008).

Zu Schiedsrichtern und ihrer Aussetzung von Gewalt gibt es jedoch bislang nur wenige wissenschaftliche Erkenntnisse. Zwar wird in der Literatur durchaus

4 Viel Aufmerksamkeit bekam das Schiedsrichteramt im Jahr 2007 durch den Kino-Dokumentarfilm »Spielverderber«. Liebevoll auseinandergesetzt mit denjenigen, die »immer zwischen allen Stühlen sitzen«, begleiteten die Filmemacher den Schiedsrichter-Anwärter Kevin Prösdorf, den Schweizer Senior-Schiedsrichter Oreste Steiner und den ehemaligen Bundesliga- und FIFA-Referee, heutigen Vorsitzenden der DFB-Schiedsrichter-Kommission, Herbert Fandel über ein Jahr bei ihrer Schiedsrichtertätigkeit.

das Aggressionspotential und -vorkommen im Fußballspiel beleuchtet und aufgearbeitet (z.B. MUMMENDEY & MUMMENDEY 1983, GERISCH 2002a und 2002b) und ist immer wieder Thema in der Konfliktforschung (z.B. RIBLER 2003, RIBLER 2010). Empirie zu diesem Themenkomplex liegt zumeist jedoch nur in Fallstudien vor. Auch explizite Schiedsrichterbefragungen zum Thema Aggression oder Gewalt sind bislang äußerst rar. Die wenigen vorhandenen Untersuchungen stützen sich auf überschaubare Personenzahlen (z.B. JÜRGENS-EL HANSALI & TRENSCHEL 2003 mit 25 befragten Schiedsrichtern). LÜTZENKIRCHEN untersuchte explizit Aggressionen und Gewalt im Amateurfußball im Fußball-Verband Mittelrhein e.V. Dafür wurden per Fragebogen 63 Funktionsträger des Fußball-Verbands, darunter auch Kreis-Schiedsrichter-Obleute, interviewt. Durch die Konzentration auf diese Personengruppe sollte ein »höheres Maß an Reflexion und Ursachenforschung« ermöglicht werden (LÜTZENKIRCHEN 2002: 10). Diese Überlegung hat durchaus ihre Berechtigung, nichtsdestoweniger kann so nicht erfasst werden, was Schiedsrichter und andere Akteure unmittelbar auf dem Fußballplatz erleben. In ihrer Rolle als objektive Instanz können die Schiedsrichter als Gradmesser dafür dienen, in welchem Umfang Gewalt tatsächlich auf den (Amateur)-Fußballplätzen präsent ist.

Somit bleibt festzuhalten, dass insbesondere das empirische Wissen über Gewalterfahrung und –wahrnehmung von Schiedsrichtern nur gering ist; bisherigen Untersuchungen mangelt es, sofern Schiedsrichter überhaupt befragt wurden, aufgrund geringer Fallzahlen an Repräsentativität. Diese Lücke soll durch die vorliegende Arbeit geschlossen werden. Dabei sollen die Schiedsrichter als Experten in eigener Sache selbst zu Wort kommen. Explorativ soll erfasst werden, welche Erfahrungen Schiedsrichter hinsichtlich Gewaltvorkommnissen auf dem Platz machen: wie und was nehmen die Unparteiischen wahr, wie (sicher) fühlen sie sich dabei, wie empfinden sie die Randbedingungen und sehen sie einen Bedarf für Veränderungen?

2. Theoretische Vorüberlegungen

2.1. Zur Rolle des Schiedsrichters in (gewaltsamen) Konflikten

Beschäftigt man sich mit organisiertem Fußballspiel, kommt man nicht umher, sich mit der Rolle des Schiedsrichters auseinanderzusetzen. Der Spielidee nach ist der Schiedsrichter eine Randfigur, gleichsam die objektive Instanz; ohne ihn kann kein Fußballspiel ausgetragen werden (EBERSBERGER et al. 1989: 98). Auch wenn ein Schiedsrichter keinen Einfluss auf das Spielgeschehen nehmen soll, tut er dies ununterbrochen und ist dabei ein zentraler Akteur, der gänzlich mit dem Spielgeschehen verwoben ist. Als unparteiischer Regelüberwacher hat er die Leitung des Spiels und damit »die unbeschränkte Befugnis [...], den Fußballregeln in dem Spiel, für das er aufgeboten wurde, Geltung zu verschaffen« (DFB-Regelheft, Fußballregel 5). Diese außerordentliche Machtfülle ist jedoch längst nicht so grenzenlos; nicht zuletzt durch die Installation von Schiedsrichterbeobachtern wird der einzelne Schiedsrichter in die Schranken verwiesen (DOMBERG 2009: 11). Auch macht der Schiedsrichter im Idealfall von dieser Macht keinen Gebrauch, vielmehr ist er unsichtbar und »verschwindet« hinter dem Spiel; vergleichbar mit einem guten Innenverteidiger, der besonders dann ein herausragendes Spiel abgeliefert hat, wenn es keinerlei Veranlassung gibt, über seine Leistung zu sprechen. Oftmals ist dies aus den unterschiedlichsten Gründen jedoch nicht der Fall: der Schiedsrichter richtet unmittelbar über die Konflikte, die sich im Zusammenhang mit einem Fußballspiel entwickeln, was wiederum für neuen Konfliktstoff sorgen kann.

Im Allgemeinen ist für Konflikte eine langsame, stufenweise Eskalation typisch, unter anderem durch den Einbezug weiterer Personen in das Konfliktgeschehen (vgl. THIEL 2003: 65). Dies trifft entsprechend auch für Konflikte zu, die im Bereich des Sports auftreten (vgl. THIEL & RIBLER 2009: 58ff.). Während eines Fußballspiels entfällt dieser Schritt jedoch weitestgehend bzw. vollzieht sich dieser in besonders rasantem Tempo: die personellen Gegnerschaften sind bereits definiert, was als zusätzlicher »Brandbeschleuniger« wirkt. Geraten also bspw. zwei gegnerische Spieler aneinander, stehen für gewöhnlich innerhalb von Sekunden, auf jeder Konfliktseite, zehn weitere

Spieler sowie der jeweilige Trainerstab zur Seite der Kontrahenten und ergreifen Partei.[5]

Der Schiedsrichter partizipiert in diesem sportimmanenten Konfliktsystem zwischen den Fronten. Gedacht als neutraler Beobachter, losgelöst vom Ziel des »Gewinnen-Müssens« soll er als Richter und Vermittler dienen. Damit betrachtet er die Geschehnisse auf einer Metaebene, ausgestattet mit voller Sanktionsmacht. Diese bietet jedoch neues Konfliktpotential. Die Rolle des Schiedsrichters ist für ein friedvolles Spiel von großer Bedeutung, was sich exemplarisch durch folgendes Zitat zeigt:

> »Auf dem Spielfeld hängt das Ausmass [sic!] der getätigten Gewalt im wesentlichen [sic!] von der Persönlichkeit und der Kompetenz des Schiedsrichters ab. Aus eigener Erfahrung kann ich sagen, dass ein unparteiischer [sic!], »der sich parteiisch verhält«, unwahrscheinliche Aggressionen auf dem Spielfeld auslöst. Ein Schiedsrichter, der Fouls übersieht oder sich gegebenenfalls nicht durchsetzen kann, ist für Gewaltsäusserungen [sic!] auf dem spielplatz [sic!] ebenfalls in hohem Masse [sic!] mitverantwortlich.«

Hierbei handelt es sich um einen Interviewausschnitt mit Herrn Dr. Lucio Bizzini, einem ehemaligen Spieler der Schweizer Nationalmannschaft im September 1988 (BFA-INFO 1988: 4). Es kommt deutlich zum Ausdruck, dass das Verhalten eines Schiedsrichters aus Spielersicht nicht nur maßgeblich für die Spielstimmung ist, sondern auch ursächlich für Gewalt sein kann. Dies ist besonders dann der Fall, wenn der Schiedsrichter nicht neutral und unfehlbar ist, wie dies die Theorie vorsieht. Ganz gleich ob der Schiedsrichter (bewusst oder unbewusst) ein Spiel mangelhaft oder tadellos leitet: häufig ist erst die Schiedsrichterentscheidung, die einen Dissens (z.B. ein Foul) beilegen soll, der Tropfen, der das Fass zum Überlaufen bringt. Im Folgenden wird dann die Entscheidung des Schiedsrichters kritisiert oder mehr noch, die Sanktionsmacht des Schiedsrichters in Frage gestellt, indem der Unparteiische attackiert wird. Zwar kann der Schiedsrichter auch dieses Verhalten durch das Hinausstellen des Spielers sanktionieren. Ist dies aber bereits erfolgt (und der Spieler kommt der Aufforderung nicht nach) oder der Schiedsrichter ist durch den Angriff nicht mehr in der Lage dazu, ist das ganze Spiel bedroht; der Wettkampf verliert seinen sportlichen Rahmen.

Während eine körperliche Auseinandersetzung zwischen zwei Spielern ein Interpretandum darstellt (fairer Zweikampf, Foul, rohes Spiel oder Tätlichkeit), gilt dies gegenüber dem Schiedsrichter nicht: Körperkontakt ist abgesehen von

5 Zu Konflikten innerhalb von Mannschaften sei hier weiterführend auf THIEL 2002 verwiesen.

Begrüßung und Verabschiedung unangemessen, während des laufenden Spieles sogar tabu.

Der Schiedsrichter hält somit eine besondere Rolle inne. Ihm kommt in Konflikten auf dem Fußballplatz also immer eine Doppelfunktion zu, sowohl als Vermittler als auch als Opfer (oder auch – aber äußerst selten – als Täter). Im Folgenden soll hauptsächlich die persönliche Opferwerdung von Schiedsrichtern behandelt werden, die Rolle als Schlichter in anderen Konfliktkonstellationen wird nur am Rande thematisiert.

2.2. *Zum Sicherheitsempfinden in Verbindung mit Gewalterfahrungen*

Von einem Schiedsrichter wird selbstbewusstes Auftreten erwartet. Eine wichtige Voraussetzung dafür ist, dass sich der Schiedsrichter sicher fühlt. Das Sicherheitsgefühl im Allgemeinen rückte in den letzten Jahrzehnten immer mehr in den Blickpunkt der kriminologischen Forschung. Für das persönliche Wohlbefinden ist es wichtig, »dass die Bürger nicht nur tatsächlich abends auf die Straße gehen können, sondern es auch glauben, dass sie es können« (KERNER 1986: 155). Vereinzelt wird das Empfinden der Bürger als besserer Indikator für die Kriminalitätsbelastung sogar über die amtliche Statistik gestellt: »die Menschen wittern relativ gut, wo und/oder wann es gefährlich werden könnte« (QUANDT 1999: 36). Die tatsächliche Bedrohung bzw. Wahrscheinlichkeit der Opferwerdung von Straftaten steht dem Empfinden aber oftmals diametral entgegen. Dieses (teils vermeintliche) Paradoxon zwischen objektiver Sicherheitslage und dem subjektiven Sicherheitsgefühl wurde in der Literatur bereits häufig beschrieben (vgl. DOST 2003: 25f.). Dabei ist ein Auseinanderdriften in beide Richtungen denkbar: trotz einer objektiven Bedrohungslage fühlt sich ein Individuum sicher, entgegengesetzt fühlt sich ein Individuum unsicher, obwohl hierfür keine Veranlassung besteht. Solch unterschiedliche Wahrnehmungen entstehen durch »intellektuelle Verarbeitungsprozesse in den Köpfen der Menschen« (WALTER 1998: 120) und sind zunehmend Gegenstand der Furchtforschung.[6] Zumeist wird die (häufig reißerische) Berichterstattung über Kriminalität in den Medien verantwortlich dafür gemacht, dass die tatsächliche und die angenommene Gefährdung weit auseinander klaffen.

6 Gesicherte Erkenntnisse liegen bislang hauptsächlich darüber vor, dass sich Frauen ein wenig mehr als Männer fürchten, ebenso ältere Menschen häufiger als jüngere (vgl. OBERGFELL-FUCHS & KURY 1996: 97, BMI & BMJ 2006: 485).

Wie es sich mit dem Sicherheitsempfinden von Schiedsrichtern verhält, wurde bislang noch nicht erforscht. So wäre zum Beispiel durchaus denkbar, dass die straffe Organisationsform der Schiedsrichter-Gilde (regelmäßige Treffen der Schiedsrichter-Gruppen und gute Vernetzung via Internet) dazu führt, dass Informationen über Attacken gegenüber Unparteiischen schnell verbreitet werden.[7] Hierdurch könnte eventuell der Eindruck entstehen, dass es sich um häufige Ereignisse handelt, da man des Öfteren von Betroffenen hört. Bei der Erfragung des Sicherheitsempfindens ist nicht zuletzt aus diesem Grund eine Unterscheidung von personaler und sozialer Furcht von Nöten (vgl. BMI & BMJ 2006: 491).

Letztlich wird das Sicherheitsempfinden aber auch dadurch beeinflusst, ob man selbst bereits Opfer einer (bestimmten) Straftat wurde. Allerdings widersprechen sich die Befunde der empirischen Opferforschung bezüglich der Wirkungsrichtung. Sowohl »von einer moderat furchtstimulierenden Wirkung von Opfererfahrungen [...] über die Unabhängigkeit des Furchtniveaus vom Viktimisierungsgrund [...] bis hin zu angstreduzierenden Effekten« wird berichtet (HIRTENLEHNER et al. 2009: 423, m.w.N.).[8] Daher ist nicht nur auf Grund dessen von großem Interesse, inwieweit die Schiedsrichter persönlich bereits mit gewalttätigem Handeln konfrontiert wurden, und wie sich dies auf ihr Sicherheitsgefühl auswirkt.

Es ist selbstredend immer bedauerlich, wenn jemand Opfer von Anfeindungen oder gar Attacken wird. Je nachdem welcher Profession man angehört, lässt sich das jedoch nicht immer vermeiden, wie z.B. im Polizeiberuf. Da das Schiedsrichterwesen aber gänzlich vom Ehrenamt getragen wird, stellt sich im Besonderen die Frage, warum sich Menschen freiwillig zur Zielscheibe machen sollten.[9] Gerade bei den Schiedsrichtern in den unteren Ligen, in denen das Ehrenamt nur geringfügig bzw. symbolisch entschädigt wird,[10] ist es von großer Wichtigkeit,

7 Nach dem bestürzenden gewaltsamen Tod eines niederländischen Linienrichters am 03.12.2012 legten bereits kurz nach Bekanntwerden des Falls rund hundert SR-Kollegen ihr Amt nieder, vgl. http://www.spiegel.de/sport/fussball/niederlaendische-schiedsrichter-legen-aemter-nieder-a-871315.html, abgerufen am 06.12.2012.

8 In der Kriminologie werden zudem affektive (gefühlsbezogene), kognitive (rationale, verstandesbezogene) und konative (verhaltensbezogene) Indikatoren der Kriminalitätsfurcht angeführt (vgl. BMI & BMJ 2006: 505, m.w.N.).

9 Die folgenden Ausführungen zur Definition der untersuchten Gewaltvorkommnisse wurden teils bereits im selben Wortlaut veröffentlicht, vgl. VESTER 2012: 92ff.

10 So werden bspw. für die Übernahme einer Spielleitung in der Bezirksliga in Württemberg derzeit 25 € Entschädigung gewährt. Im Vergleich hierzu erhält ein Schiedsrichter in der 1. Bundesliga ca. 3.800 € je Spiel.

dass sich die Schiedsrichter sicher fühlen, um weiterhin gerne in ihrer Freizeit das Amt des Spielleiters auszuüben.

Vorab ist jedoch zu klären, welche Handlungen unter dem Begriff Gewalt subsumiert werden sollen; für die wissenschaftliche Beschäftigung mit dem Thema »Fußballgewalt« ist eine Definition erforderlich. Aktiv betriebener Sport nimmt hinsichtlich aggressiven Verhaltens immer eine Doppelrolle ein, »einerseits ist er Ventil für Kraftentfaltung und Erlebnisse des Erregungsauf- und -abbaus, andererseits Aggressionsauslöser und -anreiz« (SCHWIND et al. 1990: 96). Dies trifft für die Sportart Fußball in besonderem Maße zu, zumal eine große Wirkung der Zuschauer auf die Spieler – und umgekehrt – ihr Übriges tut und diesen Umstand häufig noch verstärkt. Wann ist Aggressivität noch tolerierbares Wettkampfverhalten, wann ist die Grenze zur Gewalt überschritten?

Der Begriff der Gewalt lässt viel Interpretationsspielraum, was sich auch an den ausschweifenden Diskussionen unterschiedlichster Disziplinen zeigt. Obgleich insbesondere die ausgedehnte Auseinandersetzung mit dem Gewaltbegriff in der Soziologie durchaus seine Berechtigung hat, soll an dieser Stelle die Unbestimmtheit eingegrenzt werden, indem eine Konzentration auf kriminalisierte Gewalt erfolgt, zumal das Rechtssystem als soziales System »den Gewaltbegriff tagtäglich verbindlich auf konkrete soziale Sachverhalte anwendet« (GEMÜNDEN 2003: 334). GERISCH bezeichnet Aggression als »Handlungen im Fußball, die ein Spieler in Abweichung von den Regeln und den formellen sportlichen Normen mit dem Vorsatz ausführt, einen anderen Spieler bzw. andere Personen physisch oder/und psychisch zu schädigen, oder die er aus reinen Nützlichkeitserwägungen ohne explizite personale Schädigungsabsicht, jedoch unter Inkaufnahme einer personalen Gefährdung begeht« (2002a: 213). PILZ unterscheidet zwischen »expressiver, affektiver« und »instrumenteller, rationaler Gewalt« (1982: 37). Diese Unterscheidungen sind besonders dann wichtig, wenn Handlungen von Spielern beurteilt werden sollen. Unter den Spielern sind während des Spiels körperliche Auseinandersetzungen bzw. Aggressionen in einem gewissen Ausmaß spielimmanent und eher tolerierbar, es gibt durchaus normentsprechende aggressive Handlungen, aber eben auch solche, die es nicht sind (vgl. GABLER 1987: 42). Gegenüber dem Schiedsrichter gibt es solch eine Differenzierung nicht. Daher sind Gewalt und gewalttätiges Verhalten gegenüber ihm leichter zu umreißen.

»Klassische« gewalttätige Verhaltensweisen werden in den Rechtsordnungen der Fußballverbände hauptsächlich unter dem Rechtsbegriff der Tätlichkeit (intentionales, körperlich-gewaltsames Vorgehen gegen andere Spielbeteiligte, vgl. HILPERT 2009: § 8 Nr. 1c RuVO Rn. 59) aufgeführt. Wenngleich vom engen Gewaltbegriff nicht umfasst (Gewalt als körperlich wirkender Zwang), erscheint darüber hinaus die Einbeziehung von Beleidigungen und Bedrohungen in die Untersuchung als sinnvoll. Zudem sind bestimmte Formen unsportlichen Verhaltens (etwa körperliche Übergriffe außerhalb des eigentlichen Spielgeschehens, aber unterhalb der Schwelle zur Tätlichkeit oder Gewalt gegen Sachen im Zusammenhang mit gewalttätigem Verhalten gegen Schiedsrichter) zu berücksichtigen.

Daneben ist aber auch – abgesehen von den Tätlichkeiten – eine gewisse Intensität bzw. Schwere der Vergehen erforderlich; eine einfache Beleidigung wie *»Schiri, du bist blöd!«* ist zwar streng genommen auch eine Form von verbaler Gewalt, gehört aber nicht zur Kernproblematik. So sieht der wfv insbesondere Tätlichkeiten, Beleidigungen, Bedrohungen und unsportliches Verhalten ab einer individuellen Spielsperre von drei Monaten als schwere Vergehen an. Dieses Konstrukt dient als Ausgangspunkt für die hier untersuchten Gewaltvorkommnisse. Juristisch betrachtet stehen damit solche Verhaltensweisen im Zentrum, die in ihrer Mehrzahl nicht nur vereinsdisziplinarrechtliche Konsequenzen nach sich ziehen können, sondern zugleich auch strafrechtlich relevant sind. Aus strafrechtlicher Warte stehen Beleidigungs-, Nötigungs-, Bedrohungsdelikte (§ 185 StGB; §§ 240f. StGB) sowie vorsätzliche Körperverletzungsdelikte (§§ 223 ff. StGB) im Fokus.

Bei der Auseinandersetzung mit Gewalt im Fußball sind neben diesen Tatbeständen zwingend auch Spielabbrüche zu berücksichtigen. Der Spielabbruch stellt das *worst case*-Szenario im Fußball dar: der Schiedsrichter ist nach Anweisungen des DFB gehalten, alle zumutbaren Mittel auszuschöpfen, um ein Spiel regulär zu beenden. Spielabbrüche können also als zusätzliches Indiz dafür gesehen werden, inwieweit die Schiedsrichter mit gewaltsamen Auseinandersetzungen konfrontiert werden.[11] Von Interesse sind also alle gewalttätigen Handlungen, die sich (direkt und indirekt) gegen den Schiedsrichter richten und somit destruktiv auf das Fußballspiel wirken.

Es liegt gerade auch im Interesse des Verbands zu erfahren, was die Schiedsrichter auf württembergischen Fußballplätzen tatsächlich erleben, und zwar unabhängig davon, ob diese Vorfälle von der Sportgerichtsbarkeit zur Kenntnis genommen wurden oder nicht. Durch den Einsatz eines Fragebogens ist es möglich, dies aus unmittelbarer Perspektive in Erfahrung zu bringen. Dies ist umso interessanter, da sich Untersuchungen zu Gewaltvorkommnissen im Fußball bislang zumeist auf Analysen von Sportgerichtsurteilen stützen (z.B. SCHERER

11 Nicht gemeint sind hier Spielabbrüche ohne Gewaltvorkommnisse, also wenn Spiele vereinzelt aufgrund schlechter Witterung oder auch auf Wunsch der Mannschaftsführer, wenn die eigene Mannschaft durch Verletzungen oder rote Karten weniger als sieben Spieler auf dem Feld hat (vgl. § 1 IV 2 der wfv-Spielordnung), abgebrochen werden müssen.

& WINANDS 2010, STAHL 2010, PULTER et al. 2006). Dabei handelt es sich allesamt um Vorkommnisse, die sich statistisch ohne Probleme erfassen lassen, da sie offiziell bekannt und registriert wurden und sich dementsprechend im so genannten Hellfeld befinden (vgl. SCHWIND 2011: 23). Da die Realität auf den Plätzen aber ganz anders aussehen kann, lohnt sich ein Blick dahingehend, wie es um das Dunkelfeld bestellt ist.

In der kriminologischen Forschung lassen sich drei Aspekte festmachen, die die Größe des Dunkelfelds beeinflussen: erstens das Nicht-Entdecken bzw. Nicht-Erkennen von Taten (vgl. KURY 2001: 80), zweitens das Anzeigeverhalten (vgl. KIEFL & LAMNEK 1986: 232ff.) und drittens das Registrierverhalten der Obrigkeit (vgl. SCHÄFER 1999: 807). Wenn die Schiedsrichter selbst befragt werden, entfällt naturgemäß die Option, zu untersuchen, welche Taten nicht von ihnen entdeckt wurden (z.B. Grimassen oder Pöbeleien hinter dem Rücken des Schiedsrichters). Auch das Verhalten anderer Akteure, im Speziellen der Sportgerichte, kann anhand dieser Methode nicht untersucht werden. Daher liegt der Fokus dieser Studie voll und ganz auf dem Anzeige- bzw. Meldeverhalten der Schiedsrichter. Der Schiedsrichter hat die Pflicht, einen Bericht abzufassen, der »alle besonderen Vorfälle vor, während oder nach dem Spiel enthält« (DFB-Regelheft, Regel 5). Würde diese Vorgabe eins zu eins umgesetzt, dürfte es nur ein geringes Dunkelfeld geben. Trotz dieser strengen Vorgaben hat der Schiedsrichter aber natürlich einen Spielraum, welche Begebenheit er als besonderes Vorkommnis wahrnimmt und weitergibt. Davon unabhängig kann es andere Gründe geben, warum der Schiedsrichter der Meldepflicht nicht nachkommt. Von welchen Faktoren es abhängt, ob der Schiedsrichter im Falle eines (gewaltsamen) Konflikts den Weg einer informellen Konfliktlösung oder den eines rechtsförmigen vor der Sportgerichtsbarkeit bzw. der staatlichen Strafjustiz wählt, soll in dieser Studie nachgegangen werden.

2.3. Zu Präventionsmaßnahmen von Gewalt

Auch wenn Schiedsrichter aufgrund ihres Amtes und der damit zugeschriebenen Rolle zu den Hauptopfern von verbaler und körperlicher Gewalt gehören, hat der Schiedsrichter bestimmte Handlungsoptionen, mit denen er die Geschehnisse – insbesondere im Vorfeld – selbst beeinflussen kann (MÜLLER & PULTER 2006: 33). Von seinem persönlichen Auftreten kann es abhängen, ob und wie (schnell) eine brenzlige Situation eskaliert. Grundsätzlich setzt die Verhütung von Gewalt im Sport immer mit der Durchsetzung des Normensystems des jeweiligen Spiels an (RÖSSNER 1996: 171), was nochmals die Wichtigkeit des Schiedsrichters betont.

Neben anderen Präventionsmaßnahmen muss daher zunächst die Ausbildung der Schiedsrichter beleuchtet werden, da ihr eine Schlüsselrolle zukommt. Für gewöhnlich erhalten alle Schiedsrichter eine umfassende Ausbildung und müssen sowohl eine schriftliche als auch körperliche Prüfung ablegen.[12] Im weiteren Fortgang wird durch kontinuierliche Schulungen sichergestellt, dass die Schiedsrichter Lehrinhalte wiederholen und gegebenenfalls Neuerungen lernen. So ist auch in Württemberg die Teilnahme an mindestens vier Lehrabenden jährlich verpflichtend, um als Schiedsrichter für das laufende Spieljahr berücksichtigt werden zu können. Es stellt sich jedoch die Frage, ob die gängige Ausbildungspraxis allen Anforderungen, die sich an die Schiedsrichter stellen, gerecht wird. So sieht etwa der Hessische Fußball-Verband e.V. großen Nachholbedarf bei der Ausbildung von Schiedsrichtern bezüglich der Verhaltensweisen in Konfliktsituationen (SCHLATTER & WERTH 2010: 95). Auch in der Untersuchung des Fußball-Verbandes Mittelrhein e.V. wurde Vergleichbares thematisiert. So bezweifelte mehr als die Hälfte der befragten Funktionsträger, dass die Schiedsrichter in »brisanten aggressionsgeladenen Situationen angemessen handeln« können (LÜTZENKIRCHEN 2002: 39). Die einzige Gruppe, die den bisherigen Ausbildungsstandard mehrheitlich für gut befand, war ausgerechnet die der Kreis-Schiedsrichter-Obleute. Die anderen Funktionäre hielten die Schiedsrichterausbildung zwar grundsätzlich ebenfalls für ausreichend, jedoch nur bezogen auf die allgemeine Regelkenntnis bzw. Theorie und nicht bezüglich des Umgangs mit Konfliktsituationen.

Das konkrete Sicherheitsgefühl der Schiedsrichter und nicht zuletzt auch der Ausbildungsbedarf im Umgang mit Konflikten ist zu einem großen Teil davon abhängig, welche Erfahrungen der Schiedsrichter auf dem Platz macht und wie er die anderen an einem Fußballspiel beteiligten Akteure einschätzt.

Dabei steht die Wahrnehmung der Spieler, mit denen er den unmittelbarsten Kontakt hat, im Mittelpunkt. Genauso wenig ist aber auch der Einfluss von Trainern und Vereinsverantwortlichen zu unterschätzen, die das Verhalten der Spieler direkt und indirekt steuern. Die Rolle von Zuschauern wird ebenso aus gutem Grund immer wieder beleuchtet (vgl. KRAFT 2001: 10ff., GABLER et al. 1982: 23ff.). Inzwischen werden neben »klassischen« Hooligans bzw. gewaltbereiten

12 Die Anforderungen der einzelnen Landesverbände variieren hierbei laut DFB von 20 bis 50 Unterrichtsstunden im Zeitraum von drei bis zwölf Ausbildungstagen innerhalb von einer Woche bis sechs Wochen. Im Württembergischen Fußballverband sind für die Schiedsrichterausbildung derzeit 16 bis 18 »Unterrichtseinheiten« im Zeitraum von sechs bis acht Ausbildungstagen innerhalb von vier bis sechs Wochen vorgesehen.

Fans, die sich häufiger im Umfeld des Profifußballs finden lassen,[13] weitere Problemgruppen im Amateurbereich identifiziert. Im Rahmen seiner Aktion »Fair ist mehr!« richtet sich der DFB mit dem Teilprojekt »Fair bleiben, liebe Eltern!« explizit an die Eltern der jüngsten Spieler. Auch LÜTZENKIRCHEN spricht von einem »Elternproblem«, da der Großteil seiner befragten Funktionsträger bestätigte, dass es ein Zuschauerproblem im Jugendbereich gebe; die Anwesenheit der Eltern wirke oft konfliktverschärfend (2002: 45). Der Frage, ob Eltern bei Juniorenspielen nach Meinung der Schiedsrichter auch in Württemberg solch eine Problemgruppe darstellen, soll nachgegangen werden, ebenso wie dem Verhalten der anderen unmittelbar und mittelbar am Spielgeschehen Beteiligten.

Daneben führte der wfv aufgrund regelmäßig auftretender Gewaltvorkommnisse[14] mehrere Präventionsmaßnahmen ein. Die Feststellung KERNERs, dass Kriminalprävention für gewöhnlich theorielos betrieben wird (1994: 171), ist nach wie vor gültig. Stattdessen wird diese häufig aus dem Gefühl heraus implementiert, dass ein Handlungsbedarf bestehe und Prävention nicht schaden könne (vgl. GUGEL 2006: 16). Auch die Wirksamkeit von Maßnahmen wird daher nur selten beleuchtet. Zumindest diesem Mangel möchte diese Arbeit – im Rahmen ihrer Möglichkeiten – entgegentreten und die württembergischen Präventionsversuche entsprechend aufarbeiten.

Im Jahr 2000 startete die Initiative »wfv – für Toleranz und Fairness – gegen Gewalt«. Hierdurch sollten die positiven Elemente des Fußballs gestärkt und gleichzeitig Gewalt und Fremdenfeindlichkeit gemindert werden (vgl. EHMIG & RÖCHLING 2006). Die Mitgliedsvereine des Verbands sollten für die Gewaltproblematik sensibilisiert werden, Toleranz und Fairness sollten noch mehr Gewicht erhalten. Die Erreichung dieser hehren Ziele wurde vor allem durch Kampagnen und Programme zu allgemeinen Benimm- und Verhaltensregeln angestrebt, wodurch Anreize zum »Rechtsgehorsam« geschaffen werden sollen (vgl. hierzu KUBE 1996: 604). Seitdem wird bspw. monatlich der wfv-Fairplay-Monatssieger prämiert.[15] Diese Aktion etwa fällt in den Bereich der universellen

13 Zum Hooliganismus in Deutschland wird auf ALBRECHT 2006 verwiesen; ein aktueller Überblicksartikel findet sich auch bei KETT-STRAUB 2012.

14 Die Abteilung Recht zählte in der Spielzeit 2009/2010 ganze 388 schwere Gewaltvergehen, in der Spielzeit 2010/2011 waren es 347, auch in den Jahren zuvor kam es immer wieder zu bestürzenden Vorfällen.

15 Alle Vereine sind dazu aufgerufen, dem Verband besonders faires Verhalten zu melden. Nach einer Vorauswahl werden die Meldungen im Internet präsentiert und zur Abstimmung freigegeben. Neben dem Gewinn von Sachpreisen werden die Monatssieger dem DFB gemeldet, der einen »Fairplay-Bundeswettbewerb« ins Leben gerufen hat.

bzw. primären Prävention. Solche Maßnahmen allgemeiner Natur, die sich pauschal an alle richten und der positiven Generalprävention zuzurechnen sind, lassen sich nur sehr eingeschränkt evaluieren (vgl. SCHEITHAUER et al. 2008: 66).

In jüngster Vergangenheit entschloss sich der wfv-Vorstand zu einem »Maßnahmenpaket zur Gewaltprävention und Deeskalation«. Im Juni 2010 wurden so aufgrund von Dringlichkeit mehrere (vorläufige)[16] Ordnungsänderungen vorgenommen, die zu Beginn der Spielzeit 2010/2011 in Kraft traten. Diese betrafen unmittelbar die Spielorganisation. Das Einrichten einer Technischen Zone wurde ebenso zur Pflicht wie das Bereitstellen gekennzeichneter Ordner durch die Heimvereine und der Handschlag beider Mannschaften vor dem Spiel.

Die beiden erstgenannten Maßnahmen richten sich zwar auch an alle am Spiel beteiligten Personen, dienen aber insbesondere dazu, potentielle Täter von gewalttätigen Handlungen abzuhalten. Sie sind daher der selektiven bzw. sekundären Prävention zuzuschreiben (vgl. dazu SCHWIND 2011: 20). Durch die Identifikation eines konkreten Gefährdungspotentials sollen Möglichkeiten zur Tatbegehung eingeschränkt und der Tataufwand erhöht werden, etwa durch eine stärkere Überwachung (vgl. HEINZ 2004: 3).[17] Bei solchen zielgerichteten Maßnahmen (mit konkreten Risikogruppen) lohnt der Versuch, sich der Frage nach der Wirksamkeit anzunähern. Zwar besteht im Rahmen dieser Arbeit nicht die Möglichkeit zu überprüfen, ob durch die Maßnahmen tatsächlich Gewaltvorkommnisse reduziert werden.[18] Wohl aber kann untersucht werden, wie sich diese auf das Sicherheitsgefühl der Unparteiischen auswirken.

Daher werden die Schiedsrichter in dieser Untersuchung befragt, wie sie die neuen Maßnahmen beurteilen. Die Meinung der Schiedsrichter ist besonders wichtig, da sich auch hier wieder eine »Dualität« des Schiedsrichters bei der Anwendung der neuen Präventionsmaßnahmen findet: er hat zum einen die Aufgabe, die Ordnungsänderungen durchzusetzen bzw. deren Anwendung zu kontrollieren. Zum anderen sind die Regelungen vor allem auch zu seinem eigenen Schutz gedacht.

16 Die Ordnungsänderungen wurden nachträglich am 12.05.2012 durch den wfv-Verbandstag genehmigt.

17 Im letzten Jahrzehnt brachte der Verband auch mehrere Präventionsmaßnahmen auf den Weg, die sich spezialpräventiv an verurteilte Personen richten und damit der tertiären Prävention zuzurechnen sind. Solche Maßnahmen wie bspw. das Gnadengesuch werden an dieser Stelle nicht weiter beleuchtet.

18 Dieses Vorhaben wird anhand einer gesonderten Untersuchung unter Zuhilfenahme aller Sportgerichtsurteile der letzten Jahre durchgeführt.

3. Methodische Konzeption

3.1 Aufbau der Untersuchung

Ziel ist es, zu erfahren, inwiefern (württembergische) Schiedsrichter Gewaltvorkommnissen ausgesetzt sind, wie sie damit umgehen und was ihrer Meinung nach geändert werden müsste. Für die Beantwortung der aufgeworfenen Fragen wurde ein Fragebogen entwickelt, der sich direkt an Schiedsrichter wendete. Der eingesetzte Fragebogen befindet sich im Anhang.

Der Fragebogen umfasste vier Seiten. Die Schiedsrichter wurden zu verschiedenen Themenkomplexen befragt, unter anderem zu ihrem subjektiven Sicherheitsempfinden, zur eigenen Rolle in Konflikten auf dem Fußballplatz und zum Aus- und Fortbildungsbedarf für Schiedsrichter. Zusätzlich wurden die Schiedsrichter gebeten, die neuen Ordnungsänderungen zu bewerten sowie deren Wirkung einzuschätzen. Daneben wurden mehrere Fragen zur eigenen Opferwerdung in der Vergangenheit gestellt, also inwieweit sie selbst bereits Beleidigungen, Bedrohungen und tätlichen Angriffen ausgesetzt waren. Diesbezüglich war auch das Meldeverhalten von Interesse.

Erfasst wurden außerdem mehrere persönliche Angaben (Staatsangehörigkeit, Geburtsjahr sowie höchster allgemeiner Bildungsabschluss) und Angaben zur Schiedsrichtertätigkeit (Schiedsrichtererfahrung, Qualifikation bzw. Spielklasse, Anzahl der übernommenen Spielleitungen in der letzten Saison).

Der Fragebogen bestand größtenteils aus geschlossenen Fragen, bei einzelnen Themenkomplexen bestand die Möglichkeit der offenen Antwort. Obwohl nicht danach gefragt wurde, schilderten einige Schiedsrichter am Ende des Fragebogens inhaltlich ganze Fälle bzw. Tatkomplexe, in die sie verwickelt waren. Auch wenn sich solche Beschreibungen in diesem Rahmen nicht systematisch auswerten lassen, sind sie doch ein eindeutiges Indiz dafür, dass es sich dabei um ein Thema handelt, das die Schiedsrichter durchaus beschäftigt.

Die Angaben der Schiedsrichter wurden kodiert und danach in die Statistiksoftware IBM SPSS Statistics eingegeben. Verwendet wurde hierfür die Version 20. Zunächst wurden die Daten anhand von univariaten Verfahren (z.B. Häufigkeitstabellen) und bivariaten Verfahren (z.B. Kreuztabellen) gesichtet und analysiert.[19] Soweit wie möglich beziehen sich die Aussagen auf die Gesamtheit der befragten Schiedsrichter. Je nach Fragenkomplex war es jedoch notwendig, bestimmte Personen zu filtern, also etwa Neu-Schiedsrichter, die noch nie ein Spiel gepfiffen haben oder passive Schiedsrichter, die bereits vor 2011 aus dem aktiven Schiedsrichterbetrieb ausgestiegen sind. Wurden befragte Unparteiische auf diese Art und Weise ausgenommen, ist dies entsprechend gekennzeichnet.

Des Weiteren wurden in bestimmten Bereichen Teilgruppen analysiert. Hierfür war es erforderlich, mehrere Variablen zu rekodieren. Mit diesen Daten wurden sodann auch Varianzanalysen durchgeführt. Mit einer einfaktoriellen ANOVA lassen sich mehrere Teilgruppen der Grundgesamtheit miteinander vergleichen; durch multiple Vergleichstests lässt sich feststellen, zwischen welchen Gruppen signifikante Unterschiede bestehen (vgl. BROSIUS 2011: 499). Bei denjenigen Analysen, bei welchen keine Varianzhomogenität vorlag (geprüft mittels Levene-Test), wurde das Post-Hoc-Testverfahren Games-Howell angewendet. Andernfalls kam der Tukey-Test zum Einsatz.

3.2 Stichprobe

Im Verbandsgebiet des wfv gibt es derzeit rund 6.800 Schiedsrichter im Ehrenamt, die in 41 Schiedsrichtergruppen organisiert sind. In Zusammenarbeit mit dem Verband wurde beschlossen, dass über so viele Schiedsrichter wie möglich Angaben zu ihren Erfahrungen mit Gewalt bzw. Konflikten im Bereich des Fußballsports gewonnen werden sollen. Daher wurde die Untersuchung so konzipiert, dass theoretisch jeder württembergische Schiedsrichter daran teilnehmen konnte. Nach der Entwicklung eines Fragebogens wurde dieser in einem Probedurchlauf Ende September 2011 in der Schiedsrichtergruppe Tuttlingen erfolgreich getestet. Daran anschließend wurden die Schiedsrichterlehrwarte auf einer Tagung in Wangen im Umgang mit dem Fragebogen geschult, um verbandsweit Informationen erheben zu können.

Durch die Unterstützung der SR-Lehrwarte gelang es, zwischen Oktober und Dezember 2011 die Umfrage in 39 weiteren Schiedsrichtergruppen des Verbands durchzuführen. Die Schiedsrichtergruppe Bad Mergentheim wurde aus organisatorischen Gründen nachträglich im Februar 2012 erhoben. Somit liegen Daten aus allen württembergischen Schiedsrichtergruppen vor. Die Lehrwarte integrierten die Umfrage in den normalen Schiedsrichter-Schulungsbetrieb (ausgenom-

19 In den Abbildungen und Tabellen sind die gültigen Prozente ausgewiesen, sofern nicht anderweitig gekennzeichnet.

men waren die Schulungen der Jungschiedsrichter)[20], weswegen die Teilnahmebereitschaft ausgesprochen hoch war.

Vereinzelt gab es »grenzüberschreitende« Schulungsbesucher, die badischen oder bayrischen Schiedsrichtergruppen angehören, aber ebenfalls in Württemberg Spiele leiten. Diese Schiedsrichter wurden denjenigen Gruppen zugerechnet, an deren Schulungen sie teilnahmen.

Tabelle 1: Verteilung der Teilnehmer der jeweiligen Schiedsrichtergruppen (in alphabetischer Reihenfolge)

Aalen	101	Heidenheim	39	Rottweil	68
Backnang	50	Heilbronn	101	Saulgau	48
Bad Mergentheim	45	Horb	54	Schorndorf	36
Balingen	84	Illertal	76	Schwäbisch Gmünd	49
Blautal/Lonetal	55	Kocher/Jagst	64	Schwäbisch Hall	60
Böblingen	106	Künzelsau	67	Sigmaringen	48
Calw	45	Leonberg	68	Stuttgart	86
Crailsheim	49	Ludwigsburg	78	Tübingen	78
Ehingen	70	Münsingen	43	Tuttlingen	71
Esslingen	63	Nürtingen	63	Ulm/Neu-Ulm	85
Freudenstadt	48	Öhringen	55	Vaihingen/Enz	48
Friedrichshafen	57	Ravensburg	65	Waiblingen	62
Göppingen	53	Reutlingen	67	Wangen	66
Hechingen	52	Riß	79	**GESAMT**	2602

Insgesamt konnten so Informationen von rund 2.600 Schiedsrichtern gewonnen werden, nahezu eine Vollerhebung aller bei den Schulungen anwesenden Schiedsrichter. Da die Teilnahme an mindestens vier Schulungsabenden jährlich für jeden Schiedsrichter verpflichtend ist, sind kaum Verzerrungen hinsichtlich der Gesamtgruppe aller württembergischen Schiedsrichter zu erwarten. Zwar könnten besonders eifrige Schulungsbesucher eventuell häufiger vertreten sein;

20 Wenn bei den Schulungen der Aktiven Jungschiedsrichter anwesend waren, durften diese auch an der Umfrage teilnehmen. Für bestimmte Fragenkomplexe, bei denen gewisse Erfahrungswerte erforderlich sind, werden die Angaben der Jungschiedsrichter entsprechend gefiltert.

gleichzeitig dürften dies aber auch diejenigen Personen sein, die häufiger auf dem Platz stehen und daher verstärkt Gewaltvorkommnissen ausgesetzt sind.

Im Folgenden wird beschrieben, wie sich die Gruppe der befragten Schiedsrichter hinsichtlich ihrer biographischen Angaben zusammensetzt.

3.2.1 Allgemeine persönliche Angaben

Von den untersuchten Schiedsrichtern waren 97,3 Prozent männlichen Geschlechts. Auch wurden die Schiedsrichter nach ihrer Nationalität gefragt, wie sich Tabelle 2 entnehmen lässt.

Tabelle 2: Nationalität der Schiedsrichter

deutsch	79,3%
andere	8,1%
doppelte Staatsbürgerschaft	0,9%
keine Angabe	11,7%

Von den Schiedsrichtern gaben 79,3 Prozent an, dass ihre Nationalität deutsch sei. Einer anderen Nationalität gehören 8,1 Prozent der Schiedsrichter an. Dabei waren folgende Staatsangehörigkeiten am häufigsten vertreten: türkisch, italienisch, griechisch und kroatisch; andere Nationalitäten wurden nur singulär genannt.

0,9 Prozent der Schiedsrichter (n = 24) verfügen über eine doppelte Staatsbürgerschaft, und zwar haben allesamt sowohl die deutsche Staatsbürgerschaft sowie eine weitere (vor allem deutsch-türkisch und deutsch-griechisch). Besonders auffällig ist der Wert der fehlenden Angabe in Höhe von 11,7 Prozent. Keine andere Variable im Fragebogen weist solch einen hohen unbekannten Wert aus.

Man könnte nun darüber spekulieren, ob einige Schiedsrichter ihre Nationalität – aus welchen Gründen auch immer – nicht nennen wollten oder etwa die Konzentration oder Motivation am Ende des Fragebogens nachgelassen hat. Naheliegender ist jedoch, dass es sich hierbei um eine Unzulänglichkeit in der Fragebogenkonzeption handelt: die Frage nach der Nationalität ist die einzige Frage, die sich aus Platzgründen auf der rechten Seite befand (vgl. den Fragebogen im Anhang, Fragennummer 22). Daher ist anzunehmen, dass die Frage von einigen Schiedsrichtern schlichtweg übersehen wurde.

Abgefragt wurde des Weiteren der Geburtsjahrgang der Schiedsrichter. Der jüngste Schiedsrichter des Samples wurde im Jahr 1999 geboren, der älteste im

Jahr 1927. Im Mittel ergibt sich ein Durchschnittsalter von 38,9 Jahren. Für eine bessere Übersicht wurde eine Altersverteilungskurve erstellt:

Abbildung 1: Altersverteilungskurve der Schiedsrichter

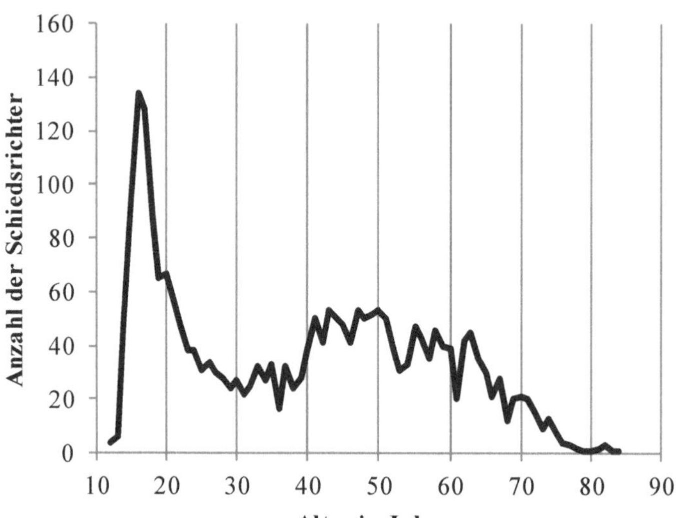

Zunächst erstaunlich ist auf den ersten Blick der große Anteil der unter 20-Jährigen, da für Jungschiedsrichter eigene Schulungen vorgesehen sind, die nicht in die Untersuchung mit einbezogen wurden. Dennoch besuchen viele Jungschiedsrichter auch die Schulungen der Aktiven. Dabei könnte der Eindruck entstehen, dass das württembergische Schiedsrichterwesen kein Nachwuchsproblem haben dürfte. Allerdings gilt es zu berücksichtigen, dass viele derer, die als Schiedsrichter beginnen, ihr Hobby beim Eintritt ins Berufsleben oder aus sonstigen Gründen, etwa auch weil sie sich dem Amt nicht gewachsen fühlen, wieder aufhören und sich bezüglich ihrer Freizeitgestaltung umorientieren.

Ob die Senke bei den 25- bis 40-Jährigen auf ein (zukünftiges) Nachwuchsproblem hinweist, lässt sich aufgrund mangelnder Vergleichszahlen nicht beurteilen. Positiv zu bewerten ist jedoch der konstant hohe Wert bei den über 40-Jährigen. Diese Altersstufen sind besonders gleichmäßig vertreten, was daraufhin deutet, dass das Hobby als Schiedsrichter gewissermaßen auch eine Berufung zu sein scheint, der man treu bleibt; nur äußerst wenige beginnen erst im Rentenalter ihre Schiedsrichterausbildung.

Zu guter Letzt wurden die Schiedsrichter nach ihrem höchsten erreichten Bildungsabschluss gefragt.

Tabelle 3: Erreichter Schulabschluss der Schiedsrichter

ohne Abschluss	0,9%
noch Schüler	15,6%
Hauptschulabschluss	25,1%
Mittlere Reife, Realschulabschluss	28,4%
Fachhochschulreife	9,3%
Abitur, allgemeine Hoschulreife	7,8%
Studium	11,9%
Sonstiges	1,0%

Vergleicht man die Bildungsabschlüsse der württembergischen Schiedsrichter mit denen der Normalbevölkerung[21], fällt auf, dass die Schiedsrichter über höhere Bildungsabschlüsse verfügen.[22] Vor mehr als 20 Jahren kam SCHLÖSSER interessanterweise (für südwestdeutsche Schiedsrichter) noch zum gegenteiligen Ergebnis (vgl. SCHLÖSSER 1988, zit. nach TEIPEL et al. 1999: 54). Eine detaillierte Beschreibung lohnt sich jedoch nicht, da zu viele Schiedsrichter (15,6 %) aufgrund ihres jungen Alters noch nicht ihren endgültigen Abschluss erreicht haben.

3.2.2 Auf das Schiedsrichterwesen bezogene Angaben

Neben den allgemeinen Angaben wurden die Schiedsrichter gebeten, Auskünfte über ihre persönliche Schiedsrichtertätigkeit zu geben. Von Interesse ist zum einen die Erfahrung hinsichtlich der zeitlichen Dauer, also seit welchem Jahr sie als Schiedsrichter tätig sind. Zum anderen ist es somit auch möglich, Schiedsrichter bei einzelnen Fragestellungen herauszufiltern, bei denen eine bestimmte

21 Da sich unter den Schiedsrichtern nur 2,7 Prozent Frauen befinden, wurde zum Vergleich die männliche Bevölkerung Baden-Württembergs herangezogen.

22 Laut dem Statistischen Landesamt Baden-Württembergs verfügten die baden-württembergischen Männer (ab 15 Jahren) im Jahr 2010 zu 41,0 Prozent über einen Volks-/Hauptschulabschluss, zu 21,2 Prozent über einen Realschulabschluss sowie zu 28,8 Prozent über das Abitur bzw. die Fachhochschulreife. Zu 8,9 Prozent zusammengefasst wurden diejenigen, die keinen Abschluss haben oder sich noch in schulischer Ausbildung befinden. Quelle: http://www.statistik.baden-wuerttemberg.de/BevoelkGebiet/Landesdaten/MZbevSchule.asp, abgerufen am 24.10.2012

Mindesterfahrung notwendig ist, um aussagekräftige Ergebnisse zu bekommen (so werden bspw. nur diejenigen Antworten von Schiedsrichtern zu den Fragen, die Ordnungsänderungen betreffen, berücksichtigt, die auch tatsächlich schon vor den Ordnungsänderungen Spiele geleitet haben).

Abbildung 2: Schiedsrichter seit dem Jahr

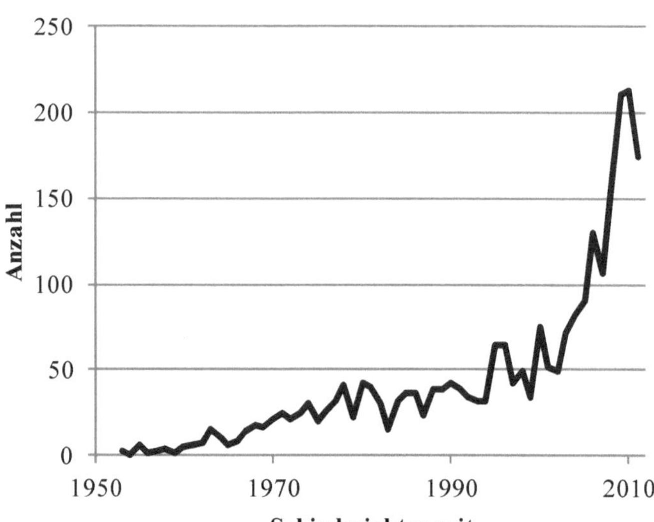

Die Verteilungskurve der Schiedsrichter bezüglich ihrer Erfahrung stellt quasi eine Spiegelung zur Altersverteilung dar. Den größten Erfahrungswert bringt ein Schiedsrichter mit, der seine Schiedsrichtertätigkeit im Jahr 1953 (!) begann. Demgegenüber stehen die Schiedsrichterneulinge aus dem Jahr 2011. Für alle befragten Schiedsrichter ergibt sich eine durchschnittliche Laufbahndauer von 14,4 Jahren.

Nicht minder interessant ist die Qualifikation der Schiedsrichter. Da sich die Fragen zu den Gewaltvorkommnissen auf die jeweils gesamte Laufbahn als Schiedsrichter beziehen, wurde nicht nach der aktuellen Qualifikation gefragt, sondern nach der höchsten jemals erreichten Spielklasse (Herren).

Tabelle 4: Schiedsrichterqualifikation (höchste jemals erreichte Spielklasse)

Jugend	25,6 %	Kreisliga A	22,8 %	Verbandsliga	2,3 %
Kreisliga C	1,3 %	Bezirksliga	28,6 %	Oberliga	2,4 %
Kreisliga B	8,4 %	Landesliga	7,8 %	höher als Oberliga	0,9 %

Mit 28,6 Prozent stellt die Bezirkliga die häufigste jemals erreichte Spielklasse dar. Rund ein Viertel der Schiedsrichter (25,6 %) durfte – in den meisten Fällen bislang – ausschließlich Jugendspiele pfeifen. Dieser Umstand wird insofern relevant, als bei Jugendmannschaften nur für die A- und B-Junioren ebenfalls gekennzeichnete Ordner zu stellen sind, d.h. diese Schiedsrichter haben diesbezüglich weniger Erfahrungen als ihre Kollegen.

Mit der darauf folgenden Frage »*Wie viele Spielleitungen haben Sie in der letzten Saison in etwa übernommen?*« sollte zum einen festgestellt werden, wie häufig der Schiedsrichter in der Saison 2010/2011 tatsächlich ein Spiel gepfiffen hat. Zum anderen diente die Frage auch zur Kontrolle, ob der befragte Schiedsrichter auch wirklich noch aktiv ist bzw. in der letzten Saison, in der die Ordnungsänderungen das erste Mal zum Tragen kamen, aktiv war.

Tabelle 5: Übernommene Spielleitungen in der letzten Saison

bis zu 15 bzw. die Mindestzahl an Pflichtspielen	17,4%
16 bis 30	44,1 %
31 bis 45	17,8 %
46 bis 60	10,0 %
mehr als 60	6,2 %
keine Angabe	4,6 %

Bei der Konzeption der Umfrage wurde davon ausgegangen, dass nur aktive Schiedsrichter Schulungen besuchen. Wie sich jedoch herausstellte, gibt es durchaus einige passive Schiedsrichter (zumeist im fortgeschrittenen Alter), die bereits aufgehört haben Spiele zu leiten, aber dennoch weiterhin Kontakt zur Gruppe halten und an den Schulungen teilnehmen. So können diejenigen, die die Frage nicht beantwortet haben, ebenso bei spezifischen Fragekomplexen aussortiert werden, gleichzeitig aber bei anderen Themengebieten, bei denen es keine Rolle spielt, ob der Schiedsrichter aktuell pfeift oder nicht, berücksichtigt werden. Die 4,6 Prozent (119 Schiedsrichter), die keine Option ankreuzten, haben dementsprechend noch keine oder keine Spielleitungen mehr übernommen. In Einzelfällen befinden sich darunter auch längerfristig verletzte oder sonstige pausierende Schiedsrichter, auf die somit aus Erfassungsgründen bei bestimmten Fragekomplexen ebenfalls verzichtet werden muss.

Das Gros der befragten Schiedsrichter (44,1 %) übernahm in der letzten Saison 16 bis 30 Spielleitungen. Daneben gibt es viele Schiedsrichter, die noch häufiger auf dem Platz stehen. Berücksichtigt man Sommer- und Winterpause, wird deutlich, dass diese während des laufenden Spielbetriebs mehrmals wöchentlich als Unparteiischer aktiv sind und somit über einen besonders großen Erfahrungsschatz verfügen.

4. Empirische Analysen

4.1 Zielscheibe Schiedsrichter?

Schiedsrichter im Fußball zu sein ist kein leichtes Unterfangen. Es werden mehrere Anforderungen an seine Person gestellt, die es teils in sich haben. Er ist ein Richter, der (zügig!) Entscheidungen zu treffen hat, gleichzeitig ebenso ein Sportler, der seine (Lauf-)Leistung erbringen muss, daneben werden von ihm Reaktionsvermögen, Konzentrationsfähigkeit und Menschenkenntnis gefordert (vgl. EBERSBERGER et al. 1989: 9). Zudem obliegt ihm die Dokumentationspflicht des Spiels. Er übernimmt die Verantwortung für das Zusammenspiel von 22 verschiedenen Charakteren, ganz zu schweigen von seiner Wirkung auf die Zuschauer. Der Schiedsrichter wird damit sowohl psychophysiologisch wie auch psychisch stark beansprucht (vgl. TEIPEL et al. 1999). Wird das Schiedsrichteramt gewissenhaft und in Idealform ausgeübt, handelt es sich um eine äußerst anspruchsvolle Freizeitbeschäftigung.

Schiedsrichter sind daneben häufig Stress ausgesetzt und werden von Spielern, Trainern und Zuschauern nicht nur während des Spiels kritisiert.[23] Als wäre dies noch nicht genug, werden Schiedsrichter immer häufiger – direkt und indirekt – mit Gewaltvorkommnissen konfrontiert. Seine Exponiertheit führt dazu, dass er »zum bevorzugten Objekt aggressiver und gewalttätiger Handlungen« wird (SCHLATTER & WERTH 2010: 95). Diese Zusatzbelastung wird im Folgenden beleuchtet; neben dem persönlichen Sicherheitsgefühl ist von Interesse, inwieweit Schiedsrichter als Angriffsfläche für gewalttätiges Handeln dienen.

4.1.1 Subjektives Sicherheitsgefühl der Schiedsrichter

Das Empfinden von Sicherheit lässt sich auf unterschiedliche Weise operationalisieren. Das Forschungsinteresse bei der vorliegenden Untersuchung lag dabei nicht auf dem Sicherheitsgefühl der Schiedsrichter im Allgemeinen, sondern ganz spezifisch auf dem Sicherheitsgefühl im Zusammenhang mit ihrem Ehrenamt als Spielleiter. Zur Annäherung an das Thema wurden die Unparteiischen

23 Ebenfalls eine große Belastung für einen Schiedsrichter kann die Aufarbeitung seiner Leistung in den Medien sein.

zunächst gefragt, ob sie sich vor Spielen in irgendeiner Art und Weise unwohl bzw. unbehaglich fühlen.

Abbildung 3: *Vor Spielen, die ich leite, habe ich ein unbehagliches Gefühl.*

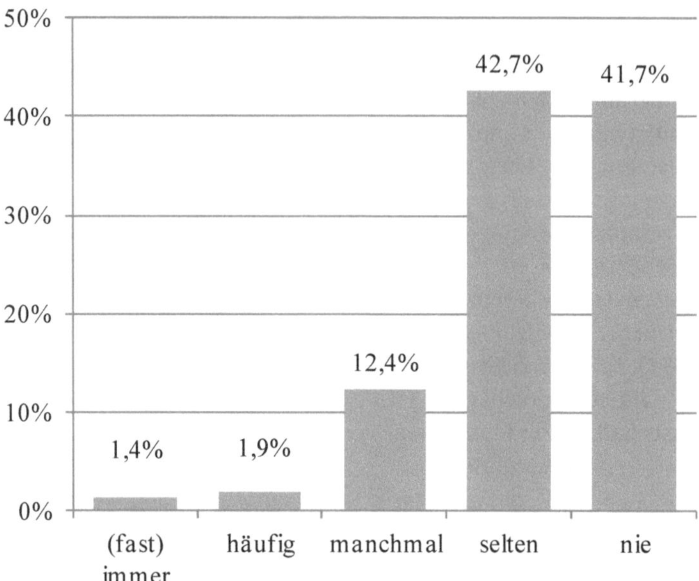

41,7 Prozent der befragten Schiedsrichter fühlen sich niemals unbehaglich. Zumindest ab und an hat aber die Mehrzahl der Schiedsrichter ein unbehagliches Gefühl vor selbstgepfiffenen Spielen, wobei dies größtenteils nur selten (42,7 %) der Fall ist. Nur wenige Befragte (3,3 %) kreuzten die Optionen »(fast) immer« oder »häufig« an. Wodurch diese Unbehaglichkeit jeweils hervorgerufen wird, kann ganz individuelle Gründe haben. Diese muss auch nicht zwingend negativ ausgelegt werden. Im Sinne der Redewendung »Holzauge, sei wachsam!« ist unter Umständen ein wenig Unbehagen sogar ratsam, da der Schiedsrichter so nicht Gefahr läuft, sich seiner Sache »zu sicher« zu sein. Ein wenig Lampenfieber zu Beginn dürfte durchaus zuträglich für die Konzentration sein, gerade auch bei sogenannten Problemspielen, so lange sich dies nicht hemmend auf die Leistung des Schiedsrichters auswirkt.

Dieser Frage nach der Unbehaglichkeit, die absichtlich etwas diffus formuliert war, folgte eine Präzisierung zum persönlichen Sicherheitsgefühl.

Abbildung 4: *Ich fühle mich auf dem Fußballplatz sicher.*

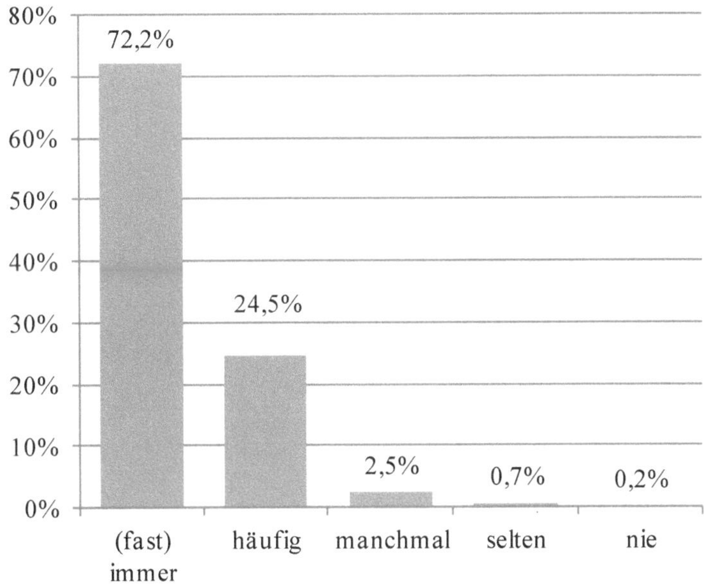

Der Großteil der Schiedsrichter (72,2 %) fühlt sich auf dem Fußballplatz sicher und ein (ständiges) Unsicherheitsgefühl ist erfreulicherweise die absolute Ausnahme. Dennoch ist auch eine andere Lesart möglich: mehr als jeder vierte Unparteiische fühlt sich zumindest ab und an unsicher. Im Vergleich zur vorangegangenen Frage zeigt sich aber, dass ein Gefühl der Unsicherheit insgesamt seltener auftritt als ein Gefühl des Unbehagens. Der Begriff der Sicherheit ist jedoch ebenfalls subjektiv unterschiedlich besetzt.[24]

Daher lohnt es sich, noch konkreter auf diesen Themenkomplex einzugehen: die Schiedsrichter wurden zusätzlich gefragt, ob sie darüber nachdenken, ihr Engagement als Spielleiter aufgrund bestehenden Drucks zu beenden.

24 Lange Zeit wurde in der Furcht- bzw. Opferforschung als »Standard-Indikator« für das Sicherheitsempfinden einzig und allein die Frage verwendet, ob die befragte Person Angst habe, wenn sie nachts alleine in ihrem Wohnviertel spazieren gehe. Inzwischen wird die Messung der personalen Kriminalitätsfurcht deutlich differenzierter vorgenommen (vgl. BMI & BMI 2006: 503f.).

Abbildung 5: *Ich denke darüber nach als Schiedsrichter aufzuhören, da man auf dem Platz häufig großem Druck ausgesetzt ist.*

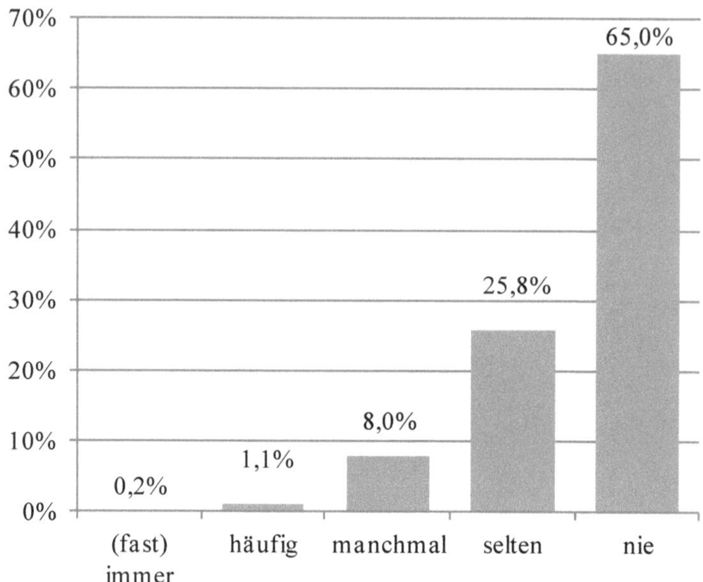

Erfreulicherweise dachten knapp zwei Drittel der Schiedsrichter (65,0 %) noch nie daran, die Pfeife an den Nagel zu hängen, jedoch spielte der Rest zumindest selten bis manchmal durchaus mit diesem Gedanken. Die wenigen Nennungen der Antwortmöglichkeiten »(fast) immer« (n = 5) und »häufig« (n = 27) erklären sich weitestgehend selbst, da ausschließlich noch aktive Schiedsrichter bzw. Schiedsrichter, die noch an Lehrabenden teilnehmen, befragt wurden. Es ist davon auszugehen, dass ein Schiedsrichter, der immerzu über das Aufhören nachdenkt, diesen Schritt auch irgendwann vollziehen wird. Doch bevor ein Schiedsrichter so eine fundamentale Entscheidung trifft (schließlich hat er extra eine Ausbildung zum Unparteiischen absolviert), ist zu vermuten, dass er äußerst schlechte Erfahrungen gemacht haben muss.

Aber selbst davon abgesehen ist denkbar, dass Schiedsrichter zumindest ab und an mit ihrer Tätigkeit hadern, da sie sich – zumindest temporär – unsicher fühlen. Daher wurden die Schiedsrichter zusätzlich ganz konkret danach gefragt, ob sie bereits einmal eine Spielleitung abgelehnt oder zumindest schon einmal darüber nachgedacht haben, da sie sich nicht sicher genug fühlten.

Abbildung 6: *Haben Sie schon einmal eine Spielleitung abgelehnt, da Sie Bedenken bezüglich Ihrer eigenen Sicherheit hatten?*

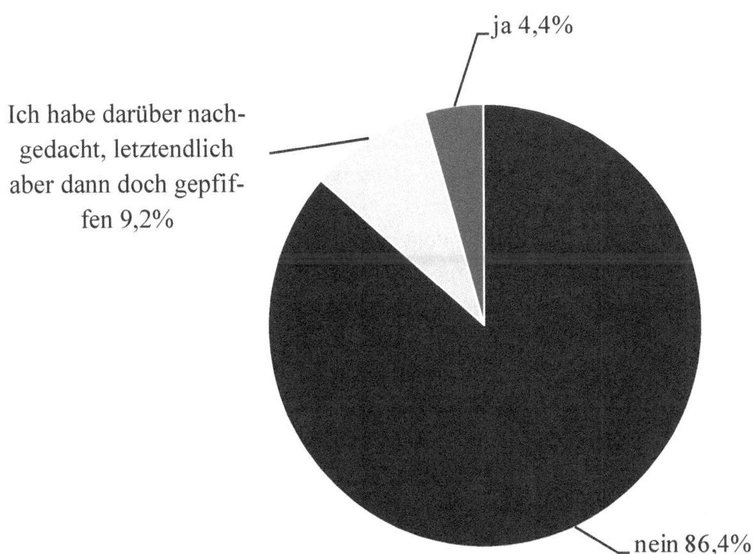

Zumindest darüber nachgedacht, eine Spielleitung abzulehnen, hat bereits knapp jeder zehnte Schiedsrichter (9,2 %). So massive Bedenken, dass sie tatsächlich nicht mehr dazu bereit waren, dem Schiedsrichteramt in einer ganz konkreten Situation nachzugehen, hatten 4,4 Prozent der befragten Schiedsrichter (n = 112). Diese kleine Gruppe wurde zusätzlich gebeten, in einem freien Textfeld zu beantworten, welche konkreten Gründe dafür vorlagen.

Der Großteil der Schiedsrichter, die bereits mindestens eine Spielleitung abgelehnt haben, begründete dies damit, dass sie selbst in der Vergangenheit schlechte Erfahrungen mit einer bestimmten Mannschaft gemacht hätten. Diese negativen Erfahrungen wurden teilweise eher allgemein formuliert, wie folgende Begründungen zeigen: *»weil es beim letzten Mal Ärger gab«*, *»weil ich dort schon gepfiffen habe und keine guten Erfahrungen gemacht habe«* oder auch *»ich habe den Verein abgelehnt, da die Spieler zu aggressiv waren, und ich meine Freizeit nicht für Idioten opfere«*. Doch auch konkrete Angst (*»weil ich vor den Zuschauern, Trainern und Betreuern Angst hatte«*) bis hin zu ganz »handfesten« Gründen (*»weil ich auf dem Platz von einigen Zuschauern geschlagen wurde«*, *»weil die Mannschaft plus Trainer das letzte Mal auf mich los ist«*, *»weil man mich massiv bedroht hatte, mich zusammen zu schlagen«*) wurden kommuniziert.

Daneben wurden nicht nur Probleme mit Mannschaften, sondern auch mit Einzelpersonen genannt (*»weil ich von einem Spieler in der 89. Minute nach Zeigen der roten Karte von dessen Bruder einen Faustschlag ins Gesicht bekam«*).

Bei manchen Schiedsrichtern kommen bestimmte Vereine gleich ganz auf den Index (*»nach zwei Polizeieinsätzen lehne ich Spiele mit Ausländermannschaften ab«, »ich habe generell zwei Vereine von vorherein abgelehnt zu pfeifen«, »ich hatte bereits drei Spielabbrüche und pfeife daher keine türkischen Mannschaften mehr«*).

In den allermeisten Fällen handelte es sich dabei um eigene negative Erfahrungen der Schiedsrichter, nur äußerst selten traf der Unparteiische seine Entscheidung aufgrund »Hörensagens« (*»weil der Verein für seine Art verrufen ist«, »bekannte Vorkommnisse der letzten Spiele des Heimvereins«*).

Zusätzlich wurden aber auch Gründe genannt, die sich eher an der Person des Schiedsrichters festmachen lassen, z.B. aufgrund der eigenen Herkunft (*»weil ein türkischer Verein gegen einen kurdischen Verein gespielt hat und ich als Türke nicht geeignet wäre«, »weil ich Angst aufgrund meiner ethnischen Herkunft hatte«*) oder des Alters (*»weil die Spieler alle drei bis vier Jahre älter waren«, »weil ich vor großen Jungs noch etwa Angst hatte«*).

Neben diesen Fragen, die auf das persönliche Sicherheitsempfinden abzielten, wurden die Schiedsrichter ferner gebeten, die Sicherheitslage für Schiedsrichter im Allgemeinen zu bewerten. Wie Abbildung 7 zeigt, sehen 53,0 Prozent der Schiedsrichter eindeutig einen zusätzlichen Handlungsbedarf seitens des Verbands betreffs der Sicherheit der Schiedsrichter, 22,0 Prozent sind diesbezüglich unentschlossen. Nur jeder vierte Unparteiische (25,1 %) verneint dieses Statement. Dies überrascht ein wenig, wenn man sich in Erinnerung ruft, dass sich nach der Eingangsfrage zum persönlichen Sicherheitsgefühl sage und schreibe 71,4 Prozent der Schiedsrichter (fast) immer sicher fühlen. Zwischen dem persönlichen Sicherheitsempfinden und der Einschätzung der allgemeinen Sicherheitslage für Schiedsrichter besteht demnach eine große Diskrepanz.

Abbildung 7: *Der wfv müsste insgesamt mehr für die Sicherheit der Schiedsrichter sorgen.*

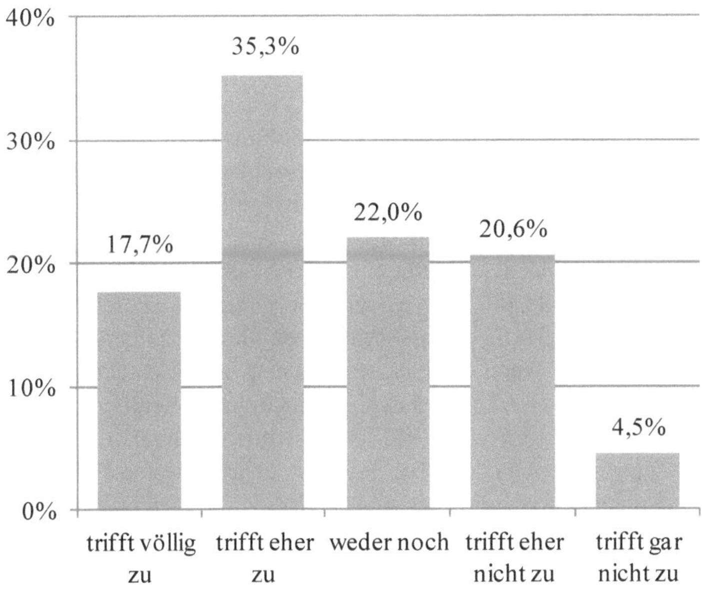

Es ist jedoch fraglich, ob die Schiedsrichter tatsächlich so sehr zwischen der eigenen Person und allen anderen Schiedsrichtern unterscheiden. Nachdem den Schiedsrichtern mit den Folgefragen vor Augen geführt wurde, was mit Sicherheit gemeint ist, wurden sie eventuell für das Thema sensibilisiert.

Unter Umständen ist diese Differenz also nur eine vermeintliche. Welche Schiedsrichter sich sicherer fühlen als andere, wird im Folgenden noch näher betrachtet. Zuvor ist es jedoch notwendig, zu beleuchten, ob die Schiedsrichter in ihrer Laufbahn bereits Opfer von gewalttätigen Handlungen auf dem Fußballplatz waren.

4.1.2 Opferwerdung in der Vergangenheit im Hell- und Dunkelfeld

Im Fragebogen erfolgte eine Konzentration auf die Tatbestände der Beleidigung, der Bedrohung und der Tätlichkeit. Zwar sind die Schiedsrichter auch anderen negativen Einflüssen ausgesetzt, die nicht unter diesen Begrifflichkeiten, sondern unter »unsportlichem Verhalten« subsumiert werden. Das »unsportliche Verhalten« dient im Zusammenhang mit Gewalt nur als Auffangtatbestand, also wenn die spezielleren Vorschriften nicht greifen (bspw. beim Versuch von Tätlichkeiten). Dieser Tatbestand ist daher für die rechtliche Einordnung durch das Sportgericht relevant, nicht aber für die Abfrage der Erlebnisse der Schiedsrichter.

4.1.2.1 Beleidigung

Jeder, der sich auch nur ein wenig mit Fußball beschäftigt, würde wohl aus seinem Alltagswissen heraus zustimmen, dass Beleidigungen des Schiedsrichters an der Tagesordnung stehen oder fast schon unzertrennlich zum Fußballsport dazugehören. Auch Schmähgesänge, die außerhalb des Stadions als Straftaten geahndet werden würden, gelten während eines Spiels als salonfähig (BETTE 2010: 107). So ist auch HILPERT der Meinung, die »Spezies« Schiedsrichter gehöre »zu den am meisten beleidigten Personen unserer Gesellschaft« (2009: § 8 Nr. 1e RuVO Rn. 61). Auch wenn er einen empirischen Beleg schuldig bleibt, deutet dies darauf hin, dass Schiedsrichter in großem Ausmaß Beleidigungen ausgesetzt sind. WOLF beschreibt im Jahr 1962 Schimpfworte und Kraftausdrücke »primitivster und vulgärster Art«; daneben schildert er jedoch eine Episode, bei der dem Schiedsrichter Gänseblümchen und Gräser als Form einer ironischen Anerkennung dargereicht wurden (1962: 27f.). Dies mutet regelrecht harmlos an, liest man hingegen heutige Spielberichte.

Die Menge der »einfachen« SR-Beleidigungen, die von den württembergischen Sportgerichten Jahr für Jahr sanktioniert werden, lässt sich nur mit erhöhtem Aufwand quantifizieren. Um dennoch einen Eindruck zu bekommen, welchen massiven Beleidigungen die Schiedsrichter Wochenende für Wochenende ausgesetzt sind, folgt ein kleiner Ausschnitt aus Sportgerichtsurteilen der Spielzeit 2009/2010. Die aufgezeigten Beispiele – allesamt begangen durch Spieler – zogen teils längere Sperrstrafen nach sich, wobei auch deutlich werden dürfte, dass ein klassisches *»Arschloch!«* heutzutage schon fast keine Aufmerksamkeit mehr auf sich zieht. Die folgende Auswahl ist nicht repräsentativ, sondern illustrativ zu verstehen:

> »Du scheiß Missgeburt, verpiss dich!«, »Du bist doch der größte Wichser auf der Welt!«, »Den Ball kannst du deiner Mutter in die Votze stecken!«, »Du hast das Spiel verkauft, du Hurensohn!«, »Du bist doch so ein Depp, jetzt machst du dich lächerlich! Arroganter Sack!«, »Fick dich doch ins Knie, du alter Wichser!«, »Steck deine Pfeife in den Arsch!«, »Du rechtsradikales Schwein!«

Diese Beleidigungsfloskeln dürften eindrücklich zeigen, dass problematische Verhaltensweisen durchaus an der Tagesordnung stehen. Den Schiedsrichtern wurde im Fragebogen daher folgende Frage gestellt: *»Sind Sie selbst in Ihrer Tätigkeit als Schiedsrichter bereits beleidigt worden (ganz gleich, ob von Spielern, Trainern oder Zuschauern etc.)?«*. Die Frage wurde explizit so formuliert, dass alle am Fußballsport Beteiligten eingeschlossen sind, so dass auch sämtliche Beleidigungen bzw. negativen Einflüsse, denen die Schiedsrichter ausgesetzt sind, erfasst werden. Die Antwortmöglichkeiten *nie – selten – manchmal – oft – (fast) immer* wurden bewusst etwas »weicher« gewählt, da die Gewichtung der Häufigkeit von Beleidigungen vom Schiedsrichter selbst vorgenommen werden sollte. Da sich die Angaben der Schiedsrichter auf deren komplette Karrieren beziehen, wäre es mehr als unpraktikabel gewesen, absolute Zahlen abzufragen. Ob bspw. hundert Beleidigungen in einer Schiedsrichterlaufbahn viel oder wenig sind (natürlich abhängig davon, wie viele Spiele der Schiedsrichter regelmäßig gepfiffen hat), vermag ein Schiedsrichter am besten selbst verorten.

Abbildung 8: *Sind Sie selbst in Ihrer Tätigkeit als Schiedsrichter bereits beleidigt worden (ganz gleich, ob von Spielern, Trainern oder Zuschauern etc.)?*

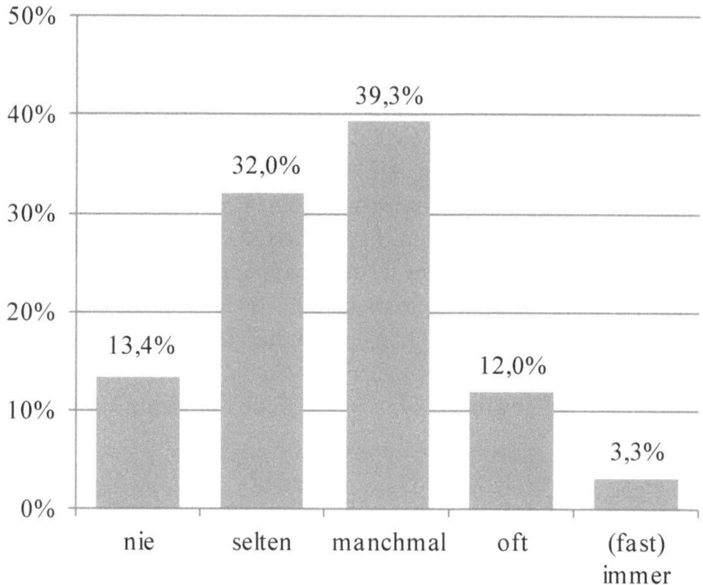

Immerhin 13,4 Prozent aller befragten Schiedsrichter gaben an, noch nie beleidigt worden zu sein. Dieser Befund vermag nach den vorigen Ausführungen ein wenig überraschen. Werden diese Schiedsrichter tatsächlich nie beleidigt, haben sie eine andere Wahrnehmung bzw. eine hohe Schmerzgrenze oder wollten sie schlichtweg nicht einräumen, dass sie Beleidigungen ausgesetzt sind? Letztlich ist dies nicht zu klären, jedoch lohnt es sich, die Gruppe derer, die angaben, nie beleidigt worden zu sein, genauer zu betrachten.

So fällt etwa beim Blick auf die Erfahrungswerte als Schiedsrichter auf, dass mehr als jeder vierte dieser Schiedsrichter (27,2 %) erst seit dem Jahr 2011 – und damit erst wenige Monate – als Schiedsrichter tätig war. In diesen Fällen gab es also noch nicht allzu viele Möglichkeiten beleidigt zu werden; teils standen die Schiedsrichter noch unter »Welpenschutz« und hatten einen erfahrenen Schiedsrichter-Kollegen an ihrer Seite. Des Weiteren verfügte über die Hälfte (55,0 %) der noch nie beleidigten Schiedsrichter bislang ausschließlich über die Qualifikation, um Jugendspiele zu pfeifen.

Nun aber zu vermuten, dass der Respekt bei den jüngeren Spielklassen (etwa bei den Bambini bis hin zur C-Jugend) tatsächlich noch so groß ist, dass der Schiedsrichter (noch) nicht direkt beleidigt wird, dürfte eher ein Fehlschluss sein. Unter Umständen werden Beleidigungen der kleinen Fußballer nur nicht als solche bzw. als nicht sonderlich verletzend wahrgenommen (wenn bspw. ein 11-Jähriger einem erwachsenen Schiedsrichter ein *»Schiri, du bist blöd!«* an den Kopf wirft). Letztlich dürfte es also hauptsächlich vom Definitionsmaßstab abhängen, den der Schiedsrichter (unbewusst) anlegt, was er selbst als Beleidigung ansieht.[25] Dies zeigt auch ein Kommentar eines Schiedsrichters, der auf dem Fragebogen neben der Frage anmerkte *»ich entscheide selbst, wer mich beleidigen kann«*.

Alle anderen Schiedsrichter (86,6 %) berichteten über Beleidigungen, wenn auch in unterschiedlicher Häufigkeit. Die Antwortmöglichkeit »manchmal« wurde dabei am häufigsten angekreuzt (39,3 %). Von allen Schiedsrichtern, die beleidigt wurden, räumte wiederum die Hälfte (50,7 %) ein, dass sie nicht alle Vorkommnisse an das Sportgericht weitergaben. Wie bereits angedeutet gibt es die unterschiedlichsten Gründe, warum ein Schiedsrichter ein Vorkommnis nicht meldet, obwohl er es bewusst wahrgenommen hat. Diesen Gründen soll im Folgenden nachgegangen werden. Den Schiedsrichtern wurden vier vorformulierte Antwortmöglichkeiten sowie ein offenes Textfeld vorgelegt, um ihr Meldeverhalten zu begründen.

25 Letztendlich bleibt natürlich ein Rest Unsicherheit darüber, ob die Schiedsrichter Beleidigungen nicht zugeben wollen, da dies als Zeichen von Schwäche oder Unsouveränität gewertet werden könnte.

Abbildung 9: Gründe für die Nichtmeldung von Beleidigungen (Mehrfachnennungen möglich)

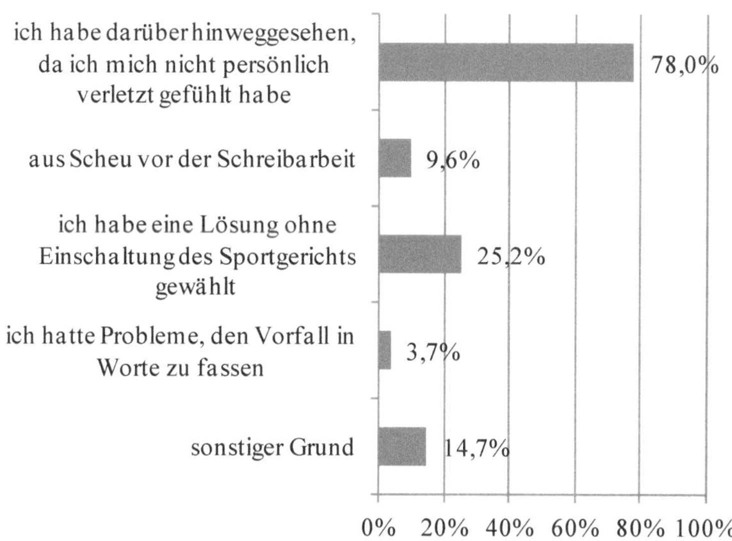

Absoluter Spitzenreiter mit 78,0 Prozent ist der Verzicht auf eine Meldung mit der Begründung, dass der Schiedsrichter ein Auge zudrückte, da er sich nicht persönlich verletzt fühlte. Dies wird auch durch eine zusätzliche Anmerkung eines Schiedsrichters deutlich, der schrieb: *»es betrifft mich nicht als Privatperson, es geht eher um das Amt!«*. An zweiter Stelle rangiert die eigenständige Lösung mit 25,2 Prozent. Bewusst wurde diese Antwortmöglichkeit offener formuliert, um alle selbstständigen Lösungsansätze darunter fassen zu können. So könnte theoretisch darunter auch verstanden werden, dass der Schiedsrichter etwa per Selbstjustiz »zurück beleidigt«. Wie sich jedoch zeigte, wendeten die Schiedsrichter häufig höfliche informelle Lösungsstrategien an, wie etwa *»ab und zu hilft auch diese Entscheidung zur Beruhigung des Spiels, ein Lächeln hilft meistens«*. Auch das persönliche Gespräch (*»ich habe die Person ignoriert und nach dem Spiel mit ihr geredet«*) wurde mehrfach als Alternative zur Meldung an das Sportgericht genannt.

Bequemlichkeit, Sprachbarrieren oder sonstige Probleme bezüglich der Ausdrucksfähigkeit sind hingegen eher seltener ausschlaggebend für den Meldungsverzicht. Wie die Auswertung der offenen Antwortkategorie zeigt, sind die Gründe, Beleidigungen nicht zu melden, noch vielfältiger. So wurde bspw. genannt *»ich hatte Mitleid mit den Personen«*, *»es war nicht so schlimm, dass man sich deswegen bei dem Verein unbeliebt macht, man kommt ja wieder«*, *»manche*

Emotionen gehören einfach zum Spiel (solange sie nicht ausarten)«, *»ich denke, wer nicht darüber steht, was von draußen kommt, sollte sonntags wandern gehen«* oder bspw. auch *»ich hatte Sorge, selbst einen Regelverstoß begangen zu haben«*.

Systematisiert man diese sonstigen Antworten, fällt auf, dass insbesondere die Beleidigungen von Zuschauern nicht gemeldet wurden, entweder durch bewusstes Ignorieren (*»mir ist es egal, was die Zuschauer von meinen Entscheidungen denken, denn ich stehe zu dem, was ich pfeife«*, *»Zuschauer melde ich nicht, da müsste ich sonst praktisch jedes Spiel eine Meldung machen«* oder auch *»die Dümmsten und Ahnungslosesten schreien am lautesten, denen kann man nicht helfen«*) oder aber weil der Täter nicht ohne weiteres zu identifizieren war, was besonders häufig bei Zuschauergruppen der Fall ist, aber auch bei Spielern und anderen Akteuren (*»Beleidigung durch Kabinenwände«*).

Daneben gibt es noch eine größere Gruppe von Schiedsrichtern, die berichteten, dass sie ab und an auf Meldungen von Beleidigungen verzichten, sofern sich die Personen bei ihnen noch vor Ort entschuldigen, oder sie grundsätzlich eher gnädig seien. Eng damit zusammen fallen die Bagatellfälle, also »geringfügige« Beleidigungen an der Schwelle zur Strafbarkeit.

Vereinzelt wurde auch mangelndes Vertrauen in die Sportgerichte als Grund genannt (*»es wird uns nichts geglaubt oder nichts unternommen«*). Diese Einstellung, dass eine Meldung »sowieso nichts bringe«, wurde allerdings jedoch nur äußerst selten vertreten.

4.1.2.2 Bedrohung

Wie sich soeben zeigte, werden Beleidigungen von den Schiedsrichtern teilweise schlichtweg ignoriert bzw. nicht ernst genommen. Es stellt sich die Frage, ob die Schiedsrichter bei Bedrohungen gleich oder anderweitig verfahren, zumal der Strafrahmen – wenn auch nur geringfügig – höher ausfällt als bei Beleidigungen.[26] Zur Illustration des Problemfelds folgen wiederum einige Bedrohungen als Beispiele aus der Saison 2009/2010:

> »Ohne Witz, der Pisser ist nachher tot!«, »Du Hurensohn, jetzt poliere ich dir die Fresse!«, »Du Bastard, was glaubst du, wer du bist? Ich fick dich nachher! Du Missgeburt, du

26 Zum Zeitpunkt der Befragung betrug die Mindestsperrstrafe bei Bedrohungen einen Monat, bei Beleidigungen einen halben Monat. Inzwischen werden nach § 17 Abs. 2 der wfv-Rechts- und Verfahrensordnung Sperrstrafen als Zeitsperren angesetzt und gleichzeitig auf eine bestimmte Anzahl von Pflichtspielen begrenzt.

> Wichser, ich warte auf dich!«, »Wenn du kommst, dann schlage ich dir ein paar in die Fresse, du Drecksau!«, »Schiri, ich überfahre dich nachher!«, »Wenn du mir jetzt die rote Karte zeigst, schlage ich dir eine rein!«, »Ich werde dich irgendwo in X [Name der Stadt] erwischen!«, »Ich bringe dich um, steche dich ab, Arschloch, Drecksau! Wenn ich auch nur ein Spiel gesperrt werde, bringe ich dich um. Ich stecke dir ein Messer in den Rücken!«

Bei diesen Bedrohungen fällt auf, dass diese größtenteils mit Beleidigungen gepaart sind. Ein Umstand, den auch HILPERT beschreibt: Bedrohungen ergehen meist tateinheitlich mit Beleidigungen, weswegen er sich aus diesem Grund eine separate Betrachtung der Bedrohung spart (2009: § 8 Nr. 1e RuVO Rn. 61). Eine eigenständige Analyse ist nicht zuletzt aber deshalb lohnenswert, da es eben doch einen Unterschied macht, ob ein Spieler einem Schiedsrichter *»Du bleede Kapp!«* zuruft oder mit erhobener Faust *»Dich sollte man gleich totschlagen!«* brüllt.

Eine Bedrohung zeichnet sich strafrechtlich dadurch aus, dass einem Menschen angedroht wird, dass gegen ihn (oder eine andere ihm nahe stehenden Person) ein Verbrechen begangen wird; darunter können demnach viele Sachverhalte fallen. Anders hingegen scheinen sich Bedrohungen auf dem Fußballplatz zu äußern. Unabhängig davon, ob die Bedrohung mit einer Beleidigung einhergeht, haben die aufgeführten Beispiele alle eine Gemeinsamkeit: jedes Mal wird mit unmittelbarer körperlicher Gewalt gedroht, dabei werden nicht nur Verletzungen angekündigt, sondern bis hin zum Auslöschen des Lebens. Auch wenn nicht alle Bedrohungen so erschreckend ausufern, ist zu vermuten (und zu hoffen!), dass Schiedsrichter weniger häufig bedroht als beleidigt werden.

Abbildung 10 ist zu entnehmen, dass die Mehrzahl der Schiedsrichter noch nicht mit einer Bedrohung konfrontiert wurde. Dennoch wurden knapp 40 Prozent bereits mindestens einmal bedroht, erfreulicherweise jedoch eher selten.

Abbildung 10: *Sind Sie selbst in Ihrer Tätigkeit als Schiedsrichter bereits bedroht worden (ganz gleich, ob von Spielern, Trainern oder Zuschauern etc.)?*

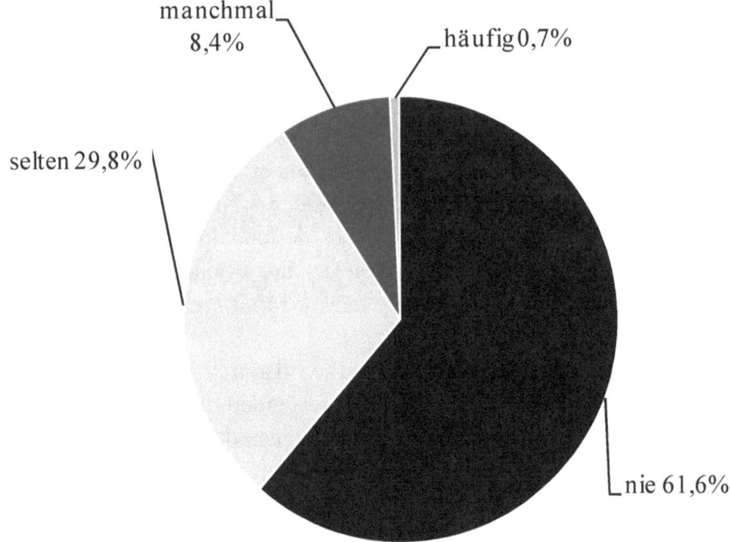

74,9 Prozent der mindestens einmal bedrohten Schiedsrichter gaben an, alle Vorfälle immer gemeldet zu haben. Bedrohungen werden demnach deutlich häufiger gemeldet als Beleidigungen, das Dunkelfeld ist dementsprechend nicht ganz so groß einzuschätzen.[27]

Umso interessanter sind die Gründe, die dazu führen, dass ein Schiedsrichter von der Meldung einer Bedrohung absieht (vgl. Abbildung 11). An erster Stelle mit 58,6 Prozent, wenn auch weniger oft als bei den Beleidigungen, war wiederum der Verzicht auf eine Meldung, da sich der Schiedsrichter persönlich nicht verletzt fühlte.[28] Häufiger als bei den Beleidigungen wurde die alternative Lösungsstrategie genannt (33,5 %). Warum dies so ist, erschließt sich nicht sofort; jedoch ist zu vermuten, dass die Schiedsrichter direkt auf dem Platz

27 Dieser Befund deckt sich mit den gängigen Erkenntnissen der kriminologischen Forschung: mit zunehmender Tatschwere steigt die Anzeigebereitschaft (vgl. KAISER 1996: § 37 Rn. 88).

28 Ob der Schiedsrichter die Drohung im Übrigen ernst nimmt, ist für die Tatbestandserfüllung unerheblich. Relevant ist, ob die Drohung ernstlich vom Drohenden gemeint ist (vgl. KINDHÄUSER 2010: § 241 Rn. 1).

klären, inwieweit es sich um eine ernstliche Drohung oder um eine – nicht leicht abzugrenzende – affektive Emotionsäußerung handelt, die eher einer Beleidigung gleichzusetzen ist.

Abbildung 11: Gründe für die Nichtmeldung von Bedrohungen (Mehrfachnennungen möglich)

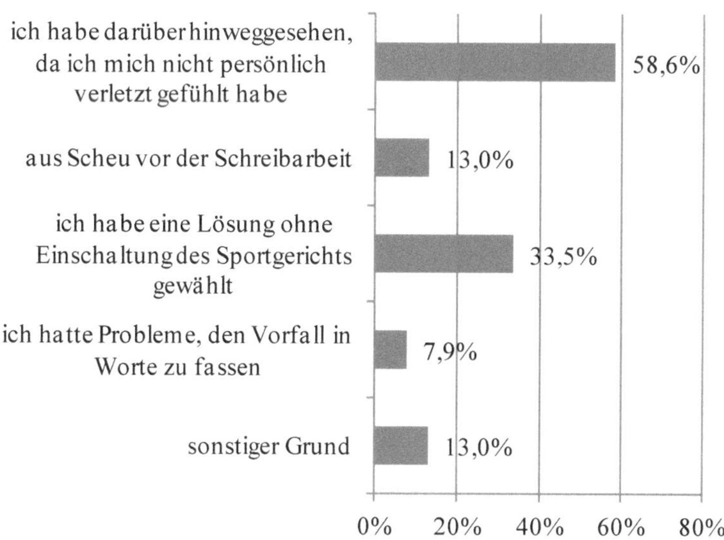

Interessanterweise ist der Anteil der Nichtmeldung aufgrund Schwierigkeiten, den Vorfall in Worte zu fassen, etwas höher als bei den Beleidigungen (7,9 im Gegensatz zu 3,7 Prozent). Dies könnte wiederum ein Indiz dafür sein, dass Bedrohungen schwieriger zu greifen sind: wenn sich der Unparteiische durch Blicke oder Gesten bedroht fühlt, lässt sich dies nicht so einfach artikulieren bzw. verschriftlichen wie eine Beleidigung.

Bei den sonstigen Gründen wurde ebenso wie bei den Beleidigungen aufgeführt, dass Drohungen durch Zuschauer teilweise ignoriert wurden oder der Täter nicht ermittelbar war. Der Verzicht auf eine Meldung aufgrund erwarteter Folgenlosigkeit kam ebenfalls sehr selten vor. Auch räumte nur ein einziger Schiedsrichter ein: *»ich habe Angst, so etwas zu melden«*.

4.1.2.3 Tätlichkeit

Die Abteilung Recht führt – wie bereits eingangs beschrieben – Buch darüber, wie viele tätliche Angriffe gegen Schiedsrichter vor den Sportgerichten verhandelt werden. So wurden bspw. in der Saison 2009/2010 insgesamt 49 tätliche Angriffe auf Schiedsrichter gezählt, in der Saison 2010/2011 waren es 39. Hinter diesen nackten Zahlen stecken teils gravierende Vorfälle, wie ein Auszug aus einem Sportgerichtsurteil aus der Saison 2009/2010 verdeutlichen dürfte:

> »Das Spiel wurde abgebrochen, weil der Spieler X nach Erhalt einer gelb-roten Karte wegen einer Unsportlichkeit dem Schiedsrichter mit beiden Fäusten gegen die Brust schlug, so dass der Schiedsrichter stürzte. Hilflos auf dem Boden liegend wurde der Schiedsrichter mehrmals mit den Füßen gegen den Kopf und den Oberkörper getreten. Nach diesen Tätlichkeiten brach der Schiedsrichter das Spiel ab. Danach wollte der Spieler nochmals auf den Schiedsrichter losgehen, wurde aber von seinen Mitspielern zurückgehalten.«

Während bei den Fragen nach dem Erleben von Beleidigungen und Bedrohungen nach relativen Häufigkeiten gefragt wurde, wurde bei der Tätlichkeit konkret die Anzahl einzelner gewalttätiger Handlungen erfragt. Dabei wurde davon ausgegangen, dass solche Vorfälle deutlicher im Gedächtnis bleiben und daher leichter abzurufen sind; ein körperlicher Angriff stellt für die meisten Menschen ein äußerst einschneidendes Erlebnis dar.[29]

Das tatsächliche Ausmaß sollte durch diese Fragenformulierung möglichst genau abgebildet werden. Eine Begrenzung der Werte nach oben ergibt sich nicht zuletzt daraus, dass davon auszugehen ist, dass ein Schiedsrichter höchstwahrscheinlich die Pfeife an den Nagel hängen dürfte, sollte er in seiner Karriere bereits deutlich häufiger als zehnmal tätlich angegriffen worden sein.

Wie Abbildung 12 zu entnehmen ist, blieb der Großteil der Schiedsrichter demnach bislang von körperlichen Attacken verschont. Dennoch wurden insgesamt bereits 17,3 Prozent, immerhin 444 Schiedsrichter, mindestens einmal während ihrer Karriere tätlich angegriffen.

29 Wie schwer eine körperliche Attacke gegen einen Schiedsrichter oder einen seiner Assistenten wiegt, zeigt sich auch an der Höhe des Strafrahmens. Verhängt werden können Sperrstrafen von 4 bis 24 Monaten, daneben kann der Ausschluss aus dem Verband beantragt werden. Tätlichkeiten gegen Spieler oder Zuschauer hingegen werden mit Sperrstrafen von 1 ½ bis 18 Monaten geahndet (vgl. § 83 Nr. 1 und 3 der Strafbestimmungen der wfv-Rechts- und Verfahrensordnung).

Abbildung 12: *Sind Sie selbst in Ihrer Tätigkeit als Schiedsrichter bereits tätlich angegriffen worden (ganz gleich, ob von Spielern, Trainern oder Zuschauern etc.)?*

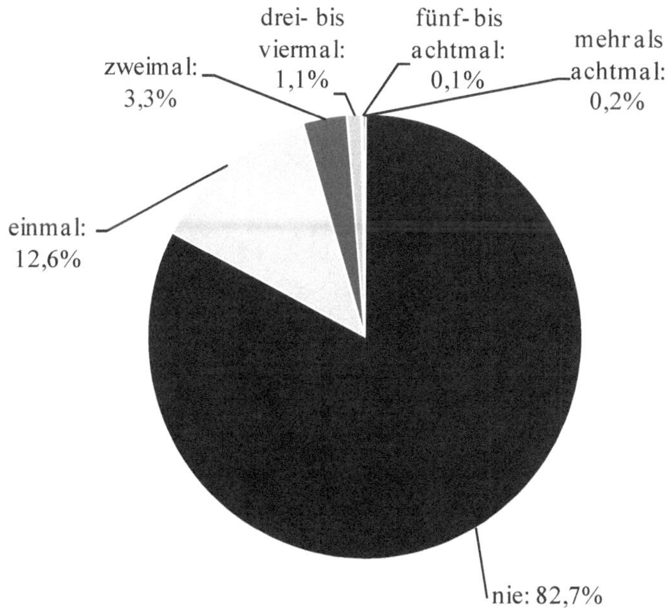

Auch wenn es sich um absolute Einzelfälle handelt, sind besonders diejenigen Schiedsrichter interessant, die mehrfach tätlich angegriffen wurden (und trotzdem immer noch ihrem Ehrenamt nachgehen). Mehr als fünfmal angriffen wurden insgesamt nur sieben Schiedsrichter. Diese waren durchschnittlich 21,1 Jahre als Schiedsrichter tätig (im Vergleich zu 14,3 Jahren bei allen anderen Schiedsrichtern). Damit scheint die Wahrscheinlichkeit Opfer zu werden, mit zunehmender Karrierelänge zu steigen, und nicht etwa unmittelbar mit der Persönlichkeit des Schiedsrichters zusammenzuhängen.

Bei der Frage nach dem Meldeverhalten zeigt sich ein anderes Bild als bei den Beleidigungen und Bedrohungen: 92,9 Prozent der angegriffenen Schiedsrichter sagen, dass sie die Tätlichkeit(en), die an ihnen verübt wurde(n), an das Sportgericht gemeldet haben. Das Dunkelfeld der an Schiedsrichtern begangenen Tätlichkeiten ist somit eher geringere Größe.

Obwohl nur wenige tätliche Angriffe nicht gemeldet wurden, lohnt sich auch hier ein Blick auf die Begründungen, die die Schiedsrichter diesbezüglich abgaben, zumal die Schiedsrichter wie eingangs bereits erwähnt verpflichtet sind, über besondere Vorkommnisse ordnungsgemäß Bericht zu erstatten.

Abbildung 13: Gründe für die Nichtmeldung von Tätlichkeiten (Mehrfachnennungen möglich)

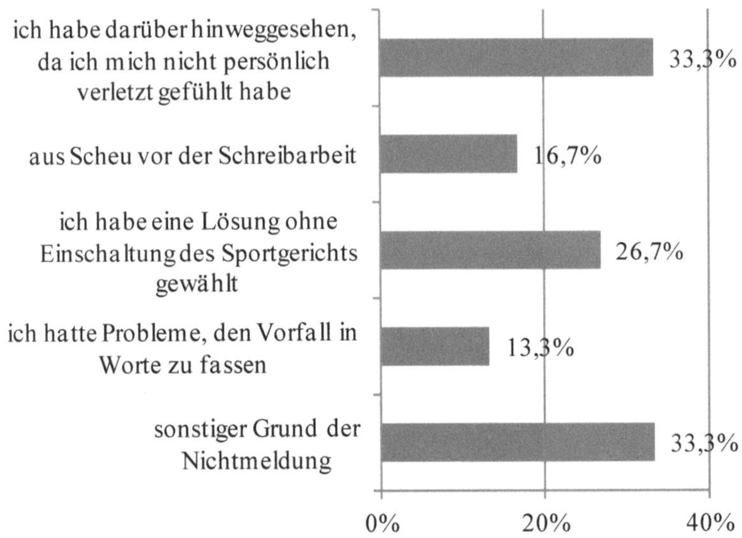

Mit am häufigsten wurde die Antwortmöglichkeit *»ich habe darüber hinweggesehen, da ich mich nicht persönlich verletzt gefühlt habe«* angekreuzt. Ansonsten gibt es keine eindeutigen Tendenzen; die Zahlen dürfen auch nicht überinterpretiert werden, da insgesamt nur 31 Schiedsrichter angaben, eine oder mehrere Tätlichkeiten nicht gemeldet zu haben. Bei den sonstigen Gründen (n = 10) wurde insbesondere genannt, dass der Täter nicht zu identifizieren war (z.B. bei einem Schlag von hinten) oder dass es sich um nicht-offizielle Freizeitturniere handelte, weswegen auf eine Meldung verzichtet wurde. In einem Fall wurde von einer Meldung abgesehen, da zuvor *»eigenes Fehlverhalten«* den Angriff provoziert habe.

Wie erwartet lässt sich also für den Bereich der Tätlichkeiten gegen Schiedsrichter festhalten, dass so gut wie alle Vorfälle auch zur Kenntnis der Sportgerichte gelangen und die Nichtmeldung eher einen Ausnahmefall darstellt.

4.1.3 Konnexität von Sicherheitsgefühl und Opferwerdung

Die bisher aufgeführten Ergebnisse sind separat bereits äußerst interessant. Noch aufschlussreicher werden die Daten jedoch, wenn man sie zueinander in Beziehung setzt. Um das Zahlenmaterial so anschaulich wie möglich aufzubereiten, bietet sich eine Typenbildung an.

Eine Gruppierung von Schiedsrichtern wurde in der Forschung bereits mehrfach vorgenommen, wenn auch nicht unter Berücksichtigung des Sicherheitsgefühls und der Opferwerdung, sondern allgemein bezüglich der Persönlichkeit von Schiedsrichtern. PILZ & TREBELS etwa nahmen 90 Schiedsrichter genauer unter die Lupe, wobei im Mittelpunkt die Leitungsfunktion hinsichtlich des Vermittelns, des Richtens und des Anordnens stand. Dabei identifizierten sie zwei relativ konsistente Gruppierungen: die erste Gruppe wies »mehr angstbetonte und auf Anpassung ausgerichtete Persönlichkeitsmerkmale«, die zweite Gruppe »dominantsbetonte Persönlichkeitsmerkmale« auf (1976: 126).[30] Die Unterschiede zwischen den Gruppen wurden insbesondere mit der unterschiedlichen Dauer der Laufbahn bzw. dem jeweiligen Erfahrungsschatz begründet, was aber auch durch einen Selektionsprozess begünstigt werden dürfte (a.a.O.: 136). Diese Interpretation der Daten wird jedoch nicht uneingeschränkt geteilt (vgl. ALBRECHT & MUSAHL 1979: 39).

ALBRECHT & MUSAHL führten selbst eine Untersuchung von 91 Schiedsrichtern durch und verglichen die Daten mit 34 zufällig ausgewählten Fußballspielern. Dabei gingen sie der Frage nach, ob »Schiedsrichter hinsichtlich der ihnen allgemein zugeschriebenen besonderen Position auf bestimmten Persönlichkeitsvariablen tatsächlich psychologische Extremwerte besetzen, die empirisch nachgewiesen werden können« (a.a.O.: 58). Sie kamen zum Ergebnis, dass dies nicht der Fall sei, es wurden keine Unterschiede hinsichtlich somatischer und emotionaler Labilität, Individual-Resistenz und Leistungslabilität festgestellt; einzig nachweisbar war eine höhere Sozialkompetenz bei den hochklassigeren Schiedsrichtern (a.a.O.: 49). Diese Erkenntnisse fließen im Weiteren in die Betrachtung der verschiedenen Gruppen ein.

Zunächst wurde eine Aufteilung der im Rahmen der vorliegenden Untersuchung befragten Schiedsrichter nach ihren jeweiligen Gewalterfahrungen vorgenommen. Dabei blieben die Beleidigungsdelikte unberücksichtigt, da zum einen strittig ist, inwieweit solche verbalen Äußerungen unter dem Begriff der Gewalt zu subsumieren sind. Zum anderen hat sich gezeigt, dass es sich dabei um ein nur eingeschränkt taugliches Unterscheidungskriterium handelt, da die allermeisten Schiedsrichter beleidigt werden; zusätzlich zeigen sich die Schiedsrichter in einer Vielzahl persönlich nicht davon getroffen (vgl. 4.1.2.1).

30 Daneben trat eine dritte Gruppe hervor, deren Werte zwischen den beiden anderen lagen, die jedoch nicht näher umschrieben wurde.

Aus diesem Grund werden die Schiedsrichter nach ihren Erfahrungen von Bedrohungen und Tätlichkeiten klassifiziert.

Da diese beiden Variablen unterschiedlich operationalisiert wurden,[31] bietet sich eine Unterteilung nach grundsätzlicher (und nicht quantitativer) Opferwerdung an. Somit wird die Aussagekraft nicht unnötig eingeschränkt, zumal eine erstmalige Viktimisierung den größten Einschnitt in die Wahrnehmung von Sicherheit darstellen dürfte.[32]

Tabelle 6 ist zu entnehmen, inwieweit die Schiedsrichter in ihrer Vergangenheit Opfer von Gewalt wurden.[33]

Tabelle 6: Aufteilung der Schiedsrichter nach Opferwerdung

gänzlich unbelastet	58,7%
mind. einmal bedroht	24,0%
mind. einmal tätlich angegriffen	2,4%
mind. einmal bedroht & tätlich angegriffen	15,0%

Die meisten Schiedsrichter haben erfreulicherweise noch keine Belastung dieser Art aufzuweisen: 58,7 Prozent der Schiedsrichter wurden bislang weder bedroht noch tätlich angegriffen. Auf immerhin 15,0 Prozent trifft jedoch beides zu. Fast jeder vierte Unparteiische (24,0 %) wurde bislang mindestens einmal bedroht, aber noch nie angegriffen. Mindestens einer Tätlichkeit ausgesetzt, ohne jemals bedroht worden zu sein, waren 2,4 Prozent der Befragten.

Bei der Einzelbetrachtung der Daten zeichnete sich bereits ab, worin diese unterschiedliche Belastung begründet sein könnte. Daher werden in Tabelle 7 das durchschnittliche Alter, die durchschnittliche Erfahrung als Schiedsrichter, der Frauenanteil sowie die Qualifikation der jeweiligen Gruppen gegeneinander gestellt.

31 Bedrohung: *nie – selten – manchmal – häufig*, Tätlichkeit: *nie – einmal – zweimal – drei- bis viermal – fünf- bis achtmal – mehr als achtmal*, vgl. 4.1.2.2 und 4.1.2.3.

32 Damit kann außen vorbleiben, ob bspw. mehrfache Erfahrungen von Gewalt einen verstärkenden Effekt haben oder sogar gegenteilig zu einer Gewöhnung führen können. Zumindest für die Bedrohungsdelikte wäre dies durchaus vorstellbar.

33 Hierfür konnten die Daten von 2548 Schiedsrichtern herangezogen werden. Insgesamt 54 Unparteiische blieben unberücksichtigt, da mindestens eine der beiden Variablen einen fehlenden Wert aufwies.

Tabelle 7: Ausgewählte Variablen zur Opferwerdung

	Alter	SR-Erfahrung	Anteil der jemals erreichten Spielklasse, höher als Kreisliga A	Frauenanteil
gänzlich unbelastet	35,8 J.	10,7 J.	27,0%	3,8%
mind. einmal bedroht	40,8 J.	16,9 J.	58,1%	1,5%
mind. einmal tätlich angegriffen	44,2 J.	20,1 J.	62,0%	1,7%
bedroht & tätlich angegriffen	47,4 J.	23,7 J.	69,5%	0,3%
Gesamt	38,9 J.	14,4 J.	41,6%	2,7%

Die Opfer von Bedrohungen und Tätlichkeiten sind deutlich älter als ihre unbelasteten Kollegen. Dies ist nur wenig überraschend, da das Alter mit der Erfahrung als Schiedsrichter korreliert. Je öfter und länger man sich riskanten Situationen aussetzt, desto höher ist die Wahrscheinlichkeit der Opferwerdung (vgl. HERRMANN & SIMSA 2003: 223). Verstärkt werden dürfte dieser Effekt zusätzlich dadurch, dass gerade gute und erfahrene Schiedsrichter häufiger als ihre jüngeren Kollegen bei sogenannten Problemspielen eingesetzt werden, wodurch das Viktimisierungsrisiko steigt. Dadurch lässt sich auch erklären, warum sich in den »Opferkategorien« deutlich mehr hochklassige Schiedsrichter finden, obwohl Gewaltvorkommnisse für gewöhnlich häufiger in den niederen Spielklassen auftreten (vgl. VESTER 2012: 92). Der weibliche Anteil ist in der unbelasteten Gruppe am höchsten. Hierbei dürfte es sich ebenfalls um eine Wechselwirkung mit dem Alter bzw. der SR-Erfahrung handeln, da das Schiedsrichteramt für Frauen erst in den letzten Jahren an Popularität zunahm.[34]

Nun stellt sich die spannende Frage, wie sich die Opferwerdung auf das Sicherheitsempfinden der Schiedsrichter auswirkt, insbesondere auf das subjektive Sicherheitsgefühl. Mit der neugebildeten Variable zur Opferwerdung sowie dem Item *»Ich fühle mich auf dem Fußballplatz sicher«* wurde eine Varianzanalyse durchgeführt.

34 Die Schiedsrichterinnen sind durchschnittlich 23,6 Jahre alt und gehen dem Schiedsrichteramt im Mittel seit 4,6 Jahren nach.

Tabelle 8: *Ich fühle mich auf dem Fußballplatz sicher* * Opferwerdung

	(fast) immer	häufig	manchmal	selten	nie
gänzlich unbelastet	74,3%	23,2%	2,2%	0,3%	0,0%
"nur" bedroht	69,5%	26,6%	2,8%	0,8%	0,3%
"nur" tätlich angegriffen	90,0%	6,7%	1,7%	1,7%	0,0%
bedroht und tätlich angegriffen	66,0%	28,5%	3,5%	1,6%	0,5%
Gesamt	72,2%	24,4%	2,5%	0,7%	0,2%
ANOVA Signifikanzniveau zwischen den Gruppen (p<0,001)					

Es wird deutlich, dass das Sicherheitsgefühl abnimmt, je mehr die Schiedsrichter mit Gewalt konfrontiert wurden. Die Unterschiede sind höchst signifikant.[35] Einzig das Ergebnis für die (wenigen) Schiedsrichter, die bislang ausschließlich mindestens einer Tätlichkeit ausgesetzt waren, divergiert und widerspricht dem Trend gänzlich. Diese kleine Gruppe fühlt sich sogar noch deutlich sicherer als die komplett Unbelasteten. Auf diese Besonderheit wird nachfolgend noch eingegangen.

Zuvor bleibt aber festzuhalten, dass sich dieses Ergebnis nahtlos in die bisherige viktimologische Forschung einordnen lässt: eine eindeutige, immer geltende Kausalität zwischen Sicherheitsgefühl und Opferwerdung besteht nicht. Selbst eine starke Belastung in Form vom Zusammenspiel von Bedrohung und Tätlichkeit wirkt sich nicht komplett negativ auf das persönliche Sicherheitsgefühl aus, immerhin zwei Drittel der Betroffenen fühlen sich dennoch (fast) immer sicher. Dies lässt sich bspw. damit erklären, dass Opfer von Straftaten erleben, dass sie »in der Lage sind, die entsprechenden Erfahrungen zu bewältigen« und daher nur wenig Angst vor einer neuerlichen Viktimisierung haben (BMI & BMJ 2006: 514). Dass Opferwerdung nicht zwingend zur Furchterhöhung führen muss, sondern durchaus kompensiert werden kann, zeigt auch WINKEL anschaulich (1998: 476ff.). Ob sich die Opferwerdung auch auf die weiteren Fragekomplexe, die zur Operationalisierung des Sicherheitsempfindens herangezogen wurden, auswirkt, wird im Folgenden beleuchtet, zunächst mit dem Item »*Ich denke darüber nach als Schiedsrichter aufzuhören, da man auf dem Platz häufig großem Druck ausgesetzt ist*«.

35 Die genauen statistischen Angaben finden sich im Anhang (Homogenitätsprüfung: Tabelle A1, ANOVA: Tabelle A2 sowie Mehrfachvergleiche: Tabelle A3).

Tabelle 9: *Ich denke darüber nach als Schiedsrichter aufzuhören, da man auf dem Platz häufig großem Druck ausgesetzt ist* * Opferwerdung

	(fast) immer	häufig	manchmal	selten	nie
gänzlich unbelastet	0,1%	0,8%	6,1%	25,4%	67,5%
"nur" bedroht	0,2%	2,0%	10,5%	26,9%	60,4%
"nur" tätlich angegriffen	0,0%	0,0%	7,4%	7,4%	85,2%
bedroht und tätlich angegriffen	0,5%	0,8%	11,8%	28,1%	58,8%
Gesamt	0,2%	1,1%	8,0%	25,8%	64,9%
ANOVA Signifikanzniveau zwischen den Gruppen (p<0,001)					

Auch diese Variablenkombination liefert ein äußerst signifikantes Ergebnis.[36] Ebenfalls fallen erneut die ausschließlich tätlich Angegriffenen aus dem Rahmen. Abgesehen von dieser Ausnahme zeigt sich eine eindeutige Tendenz. Die unbelasteten Schiedsrichter denken seltener darüber nach, das Pfeifen ganz sein zu lassen als die Bedrohten. Die höchste Zustimmung zu diesem Item findet sich wiederum bei den sowohl bedrohten als auch tätlich angegriffenen Schiedsrichtern. Doch auch hier denkt der Großteil nie über das Aufhören nach. Ein generelles Vermeidungsverhalten wie etwa bei HERMANN & SIMSA beschrieben (2003: 230), lässt sich also nicht bestätigen.[37]

Neben diesen Angaben zum höchstpersönlichen Sicherheitsgefühl ist es nun interessant, wie es sich mit der allgemeinen Einschätzung zur Sicherheitslage verhält. Wie bereits unter 4.1.1 festgestellt, wird der »objektive« Sicherheitsbedarf höher veranschlagt, als es das persönliche Sicherheitsbedürfnis vermuten lassen würde. Eine Varianzanalyse mit dem Item *»Der wfv müsste insgesamt für mehr Sicherheit sorgen«* ergibt folgendes Bild (vgl. auch die Tabellen A7 bis A9 im Anhang):

36 Zusätzliche Informationen finden sich wiederum im Anhang (Tabellen A4 bis A6).

37 Allerdings ist diesbezüglich abermals zu erwähnen, dass in der Untersuchung ausschließlich aktive Schiedsrichter befragt wurden.

Tabelle 10: *Der wfv müsste insgesamt für mehr Sicherheit sorgen* * Opferwerdung

	trifft völlig zu	trifft eher zu	weder noch	trifft eher nicht zu	trifft gar nicht zu
gänzlich unbelastet	13,8%	32,9%	25,2%	23,1%	5,0%
"nur" bedroht	19,7%	39,6%	18,6%	18,4%	3,6%
"nur" tätlich angegriffen	15,5%	19,0%	27,6%	31,0%	6,9%
bedroht und tätlich angegriffen	28,7%	39,9%	14,6%	13,6%	3,2%
Gesamt	17,5%	35,2%	22,1%	20,7%	4,5%
ANOVA Signifikanzniveau zwischen den Gruppen (p<0,001)					

Die größte Zustimmung findet sich bei den Schiedsrichtern, die sowohl bedroht als auch tätlich angegriffen wurden. Wie zuvor gezeigt werden konnte, bedingt die Opferwerdung nicht automatisch ein persönliches Unsicherheitsgefühl. Jedoch zeigt sich in der kriminologischen Forschung, dass Opfer nach dem Erleben einer Straftat eine erneute Viktimisierung für möglicher als zuvor erachten (vgl. z.B. HIRTENLEHNER et al. 2009: 439ff.); dabei trifft dies nicht nur für die eigene Person, sondern auch für andere zu. Das Auftreten eines möglichen (negativen) Ereignisses wird also generell als wahrscheinlicher betrachtet. Solch eine soziale Kriminalitätsfurcht, also die subjektive Einschätzung der Bedrohung der Gesellschaft bzw. des Gemeinwesens durch Kriminalität (vgl. BMI & BMJ 2006: 490f.), lässt sich auch auf die Gemeinschaft der Schiedsrichter übertragen. Somit lässt sich begründen, warum diesem Item so stark zugestimmt wurde, obwohl die Schiedsrichter angaben, sich persönlich sicher zu fühlen.

Dennoch zeigt sich eine steigende Zustimmung mit zunehmender Viktimisierung der Schiedsrichter. Allerdings zeigt die kleine Gruppe der ausschließlich tätlich Angegriffenen abermals ein sehr konträres Antwortverhalten. Da dies für alle bislang aufgearbeiteten Variablen gilt, spricht einiges dafür, dass es sich dabei um eine ganz spezielle Gattung von Schiedsrichtern handelt. Wie der Blick auf das durchschnittliche Alter bzw. die Erfahrung als Schiedsrichter zeigt (s.o.), handelt es sich dabei keinesfalls um junge, ansonsten unbelastete Personen. Auch stehen sie den anderen beiden belasteten Gruppen nichts in Sachen der Höhe der Spielklasse nach. Des Weiteren finden sich Personen mit diesem Antwortverhalten in allen Bezirken, so dass ausgeschlossen werden kann, dass es sich um eine regionale Besonderheit handelt.

Eine Sonderanalyse dieser Gruppe ergibt, dass diese etwa in gleichem Ausmaß wie ihre Kollegen angaben, beleidigt zu werden. Trotzdem – oder gerade deshalb – spricht einiges dafür, dass diese Schiedsrichter eine andere Wahrnehmung bzw. andere Bewältigungsressourcen haben. Es liegt der Verdacht nahe, dass diese Schiedsrichter durchaus wie ihre alters- und ausbildungsgleichen Kollegen Bedrohungen ausgesetzt sind, diese aber nicht bewusst als solche wahrnehmen und sich allenfalls beleidigt, nicht aber bedroht fühlen. Im Gegensatz zu ihren Kollegen scheinen sie deutlich weniger vulnerabel zu sein. In der Stressforschung werden derartige Bewältigungsprozesse als Coping-Ressourcen bezeichnet (vgl. BALS 2004: 60). Dabei spielt insbesondere das Selbstbewusstsein eine wichtige Rolle. Die Konzeption des Fragebogens erlaubt keine abschließende Beurteilung darüber, ob diese Schiedsrichter besonders selbstsicher sind; im Gesamteindruck ist dies jedoch zu vermuten. Da nur der kleinste Teil der Schiedsrichter derart robust gegen Gewalterfahrungen ist, werden im Folgenden die notwendigen Maßnahmen zur Gewaltprävention beleuchtet.

4.2 Maßnahmen zur Gewaltprävention

4.2.1 Einschätzung des Bedrohungspotentials durch andere Akteure

Die Schiedsrichter wurden hierfür gebeten, eine Einschätzung vorzunehmen, wie häufig sich andere Akteure ihrer Meinung nach aggressiv auf bzw. neben dem Fußballplatz verhalten.

Der – auf den ersten Blick unübersichtlich wirkenden – Abbildung 14 lässt sich entnehmen, dass alle Personengruppen mehr oder minder häufig durch aggressives Verhalten auffallen; nur wenige Schiedsrichter haben bislang noch keine negativen Erfahrungen mit anderen Akteuren gemacht. Dabei zeigt sich ein heterogenes Bild, sowohl spielnahe Akteure wie Spieler oder Trainer als auch spielfernere Akteure wie Zuschauer werden von den Schiedsrichtern als aggressiv wahrgenommen.

Bezüglich der Zuschauer macht es kaum einen Unterschied, ob es sich um ein spezifisches Elternpublikum oder sonstige Besucher eines Fußballspiels handelt; beide Personengruppen werden von den Schiedsrichtern fast identisch bewertet, was ihr Aggressionspotential betrifft.

Ein besonderes Problem mit vereinseigenen Linienrichtern, die erst aufgrund der Ergebnisse des Pretests in Tuttlingen als eigenständige Untergruppe aufgenommen wurden, bestätigt sich verbandsweit nicht.

Abbildung 14: Aggressives Verhalten einzelner Beteiligter

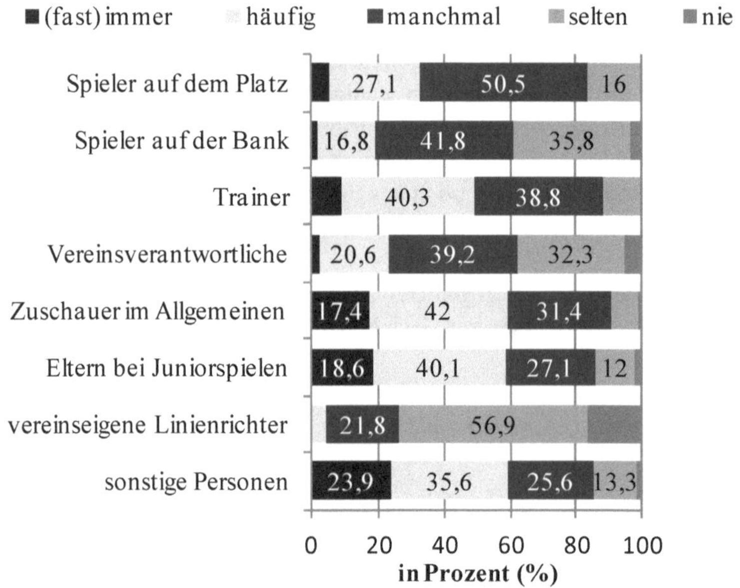

In der Gruppe der sonstigen Personen finden sich die unterschiedlichsten Teilgruppen. Daher sind Aussagen darüber, wie oft diese nach Ansicht der Schiedsrichter aggressiv auffallen, nur eingeschränkt sinnvoll. Jedoch sagt alleine schon die Tatsache, dass sie in der offenen Antwortkategorie überhaupt genannt wurden, eine ganze Menge aus, da die Nennung einen anderen Stellenwert hat, wenn sich der Schiedsrichter zusätzliche »Arbeit« macht anstatt einfach nur ein Kreuz setzen zu müssen. Von dieser Möglichkeit machten schließlich auch nur insgesamt 180 Schiedsrichter Gebrauch.[38] Bei diesen war mit großem Abstand die häufigste Nennung *»Ausländer«* bzw. *»Personen mit Migrationshintergrund«*, teils ganz pauschal, teils differenzierter nach Nationalitäten oder Funktionen (z.B. *»türkische Mannschaften«* oder *»ausländische Zuschauer«*). Besonders oft genannt wurden des Weiteren Schiedsrichter(-Kollegen), Ordner, alkoholisierte Personen und Rentner.[39] Es ist durchaus erstaunlich, dass Schiedsrichter(-Kollegen) bspw. noch vor alkoholisierten Personen genannt wurden. Dies

38 Aus diesem Grund wird – abgesehen von dieser kurzen Beschreibung – auf eine weitere Darstellung der sonstigen Personen verzichtet.

39 Die weiteren Nennungen werden nicht dargestellt, da sich diese allesamt im einstelligen Bereich befinden.

zeigt zumindest ein nicht geringes Maß an Reflektion bzw. einer gesunden Distanz zur eigenen Zunft.

Um die einzelnen Personengruppen besser miteinander vergleichen zu können, wurden jeweils Mittelwerte gebildet, um eine Art »Aggressionsindex« zu erhalten.

Tabelle 11: Mittelwertvergleich der einzelnen Personengruppen

Spieler auf dem Platz	2,78	Zuschauer im Allgemeinen	2,33
Spieler auf der Bank	3,2	Eltern bei Juniorenspielen	2,39
Trainer	2,54	vereinseigene Linienrichter	3,84
Vereinsverantwortliche	3,17	*1 = (fast) immer, 5 = nie*	

Im direkten Vergleich zeigt sich, dass bspw. die Spieler auf dem Platz weniger aggressiv wahrgenommen werden als nicht unmittelbar am Spielgeschehen Beteiligte. »Außenstehende« wie Zuschauer im Allgemeinen und die spezielle Zuschauergruppe der Eltern fallen insgesamt betrachtet am häufigsten durch Aggressionen auf, wobei ihnen die Trainer in fast nichts nachstehen. Insbesondere die Werte der Trainer geben Anlass zur Sorge, da diese ihrer Vorbildrolle häufig nicht nachzukommen scheinen.

Diese Ergebnisse sind insofern besonders interessant, da hierdurch abgeglichen werden kann, inwieweit die bislang vorgenommenen Präventionsmaßnahmen der letzten Zeit, die im Folgenden aufbereitet werden, aus Sicht der Schiedsrichter auf die richtigen Personengruppen abzielten.

4.2.2 Bewertung der Ordnungsänderungen durch die Schiedsrichter

Wie bereits thematisiert, wurden zu Beginn der Spielzeit 2010/2011 mehrere Änderungen präventiven Charakters in der Spielordnung und den Durchführungsbestimmungen verankert.[40] Jenseits der bloßen Reaktion auf Gewalthandlungen im Fußball durch die Sportgerichte war der Verband bestrebt, neben den bestehenden Konzepten und Strategien neue Präventionsmaßnahmen zur Eindämmung von Gewaltvorkommnissen zu installieren. Als Teil eines »Maßnahmenpakets zur Gewaltprävention und Deeskalation« beschloss der wfv-Vorstand

40 Die folgenden Ausführungen, insbesondere die Kapitel 4.2.2.1, 4.2.2.2 und 4.2.2.3, wurden teils bereits im selben Wortlaut veröffentlicht, vgl. VESTER 2012: 92ff.

am 04.06.2010 wegen Dringlichkeit vorläufige Ordnungsänderungen, mit deren Hilfe sich Gewalt vermeiden oder ablaufende Eskalationsprozesse zumindest unterbrechen lassen sollen. Durch die Veränderung von Randbedingungen soll der Ablauf eines Fußballspiels risikoärmer werden. Von besonderer Bedeutung sind hierbei das Einrichten einer Technischen Zone und die Bereitstellung gekennzeichneter Platzordner durch die Heimvereine. Diese Ordnungsänderungen, die im Folgenden genauer vorgestellt werden, traten am 01.07.2010 zu Beginn des neuen Spieljahres in Kraft; ebenso wie eine Änderung der Durchführungsbestimmungen, die zur Einführung des Handschlags vor dem Spiel führte.[41]

Die Schiedsrichter nehmen auch hierbei – wie eingangs erwähnt – eine wichtige Doppelfunktion ein, weswegen ihre Meinung bezüglich der Ordnungsänderungen von größter Bedeutung ist. Zum einen sind die Schiedsrichter dafür verantwortlich, zu überprüfen, ob die neuen Maßnahmen auch tatsächlich (richtig) umgesetzt werden und im Falle der Nichtbefolgung Verstöße zu sanktionieren. Zum anderen dienen die Ordnungsänderungen zugleich explizit dem Schutz des Schiedsrichters.

Bei der Auswertung der nun folgenden Variablen, also sämtlichen Fragekomplexen im Kapitel 4.2.2, wurden ausschließlich diejenigen Schiedsrichter einbezogen, die sowohl in der Saison 2009/2010 sowie auch in der Saison 2010/2011 eindeutig als Schiedsrichter tätig waren.[42] Somit soll gewährleistet werden, dass sich die Angaben auch wirklich auf Erfahrungen und Meinungen als aktiver Schiedsrichter beziehen und es sich nicht etwa um persönliche Meinungen einer Privatperson handelt. Damit reduziert sich die Anzahl der berücksichtigten Schiedsrichter auf 2127.

41 Im Spätsommer 2010 führte der Verband insgesamt 39 Ordnerschulungen durch, um die Vereine mit den neuen Regelungen vertraut zu machen.

42 Berücksichtigt wurden alle Schiedsrichter, die mindestens seit dem Jahr 2009 als Schiedsrichter tätig sind und gleichzeitig in der Saison 2010/2011 Spielleitungen mindestens in Höhe der Pflichtanzahl übernommen haben.

4.2.2.1 Einrichten der Technischen Zone

Der § 44 Abs. 2 der wfv-Spielordnung wurde dahingehend ergänzt, dass eine Technische Zone einzurichten ist:

> Die zur Austragung des Spieles bestimmten Plätze sind nach den Fußballregeln zu zeichnen und nebst den erforderlichen Gerätschaften in gebrauchsfähigen Zustand zu setzen. Betreuern und Auswechselspielern wird bei den Spielen der Frauen und Herren ein speziell zu kennzeichnender Bereich zugewiesen, die Technische Zone. Diese erstreckt sich in einem Abstand von 10 Metern zur Mittellinie über 6 Meter und reicht in der Regel bis einen Meter an die Seitenlinie heran. In der Technischen Zone dürfen sich die auf dem Spielbericht benannten Auswechselspieler sowie weitere acht Mannschaftsverantwortliche aufhalten. Von der Technischen Zone aus dürfen taktische Anweisungen erteilt werden. Nur in Ausnahmefällen dürfen Trainer oder Betreuer die Technische Zone verlassen, zum Beispiel wenn der Schiedsrichter es gestattet, einen verletzten Spieler auf oder neben dem Feld zu behandeln. Der Schiedsrichter ist berechtigt, Personen aus der Technischen Zone hinter die Umzäunung auf die Zuschauerränge zu verweisen, wenn sich diese Personen mehrfach regelwidrig verhalten.

Vor der Spielzeit 2010/2011 war eine Coaching-Zone dieser Art nur von der Bundes- bis zur Oberliga üblich, nicht aber im unteren Amateurbereich. Die Einführung dieser neuen Regel stieß nicht überall auf Verständnis, nicht wenige Vereinsvertreter hielten einen markierten Bereich am Spielfeldrand für überflüssig:[43] die Technische Zone schien für diese Personengruppe eher ein lästiges Übel zu sein. Um zu erfahren, ob die Schiedsrichter dies genauso beurteilen, wurden sie gebeten, ihre Meinung zu äußern, ob sie die Einführung dieser Regelung für sinnvoll erachten oder nicht.

43 So titelte etwa die Neue Württembergische Zeitung am 12.07.2010 »Technische Zone erhitzt die Gemüter«, die Schwäbische Zeitung am 13.07.2010 »Technische Zone sorgt für Gelächter«.

Abbildung 15: *Das Einrichten einer Technischen Zone halte ich für eine sinnvolle Idee.*

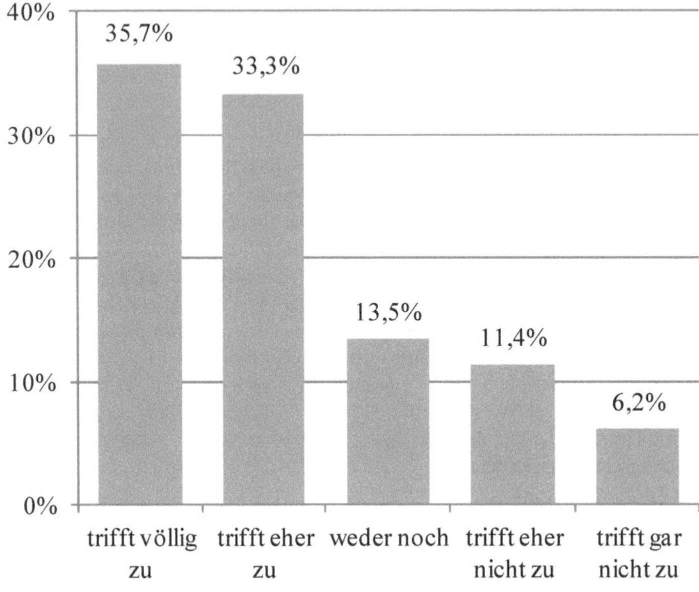

Wie sich der Abbildung 15 entnehmen lässt, ist die Zustimmung unter den Schiedsrichtern recht groß; 69,0 Prozent halten die Technische Zone für eine positive Neuerung. Somit halten weit mehr als zwei Drittel derjenigen Personen, deren Schutz die Technische Zone – neben der Erleichterung für die allgemeine Spielkontrolle – hauptsächlich dienen soll, diese für ein taugliches Mittel. Dies dürfte nicht nur für den Verband ein sehr zufriedenstellendes Ergebnis darstellen.

4.2.2.2 Handschlag vor dem Spiel

Des Weiteren wurde zur Förderung des Fair-Play-Gedankens unter dem Punkt 7a der Durchführungsbestimmungen für die Verbandsspiele im Spieljahr 2010/2011 der Handschlag vor dem Spiel eingeführt. Der Handschlag hat zwischen den

Spielern beider Mannschaften sowie dem Schiedsrichter zu erfolgen.[44] Die Schiedsrichter wurden gefragt, wie sie diese Regelung beurteilen.

Abbildung 16: *Den Handschlag vor dem Spiel halte ich für eine sinnvolle Idee.*

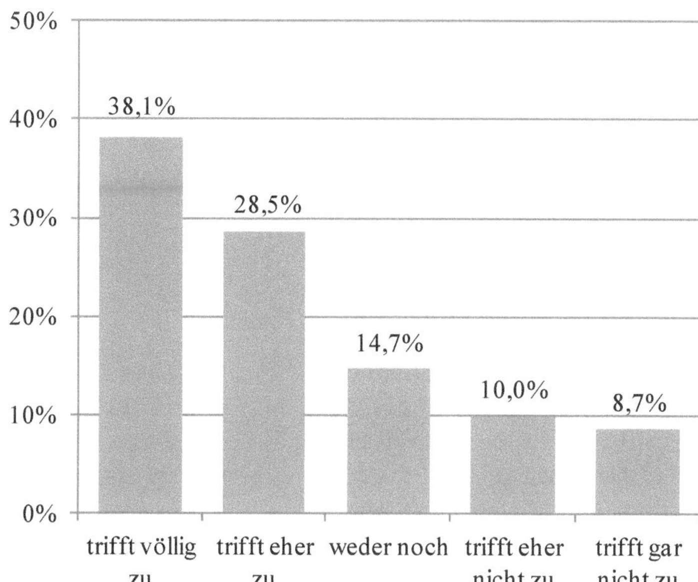

Auch hier zeigt sich eine breite Zustimmung zur neuen Regelung, 66,6 Prozent der Schiedsrichter stehen ihr positiv gegenüber, wobei 14,7 Prozent keine Wertung dazu abgeben. Dennoch hält knapp jeder fünfte Schiedsrichter (18,7 %) den Handschlag vor dem Spiel für eher weniger oder überhaupt nicht sinnvoll. Weitgehend ungeklärt muss dabei bleiben, ob diese Ablehnung genereller Natur ist oder eventuell daher rührt, dass die Schiedsrichter sich eine andere Ausgestaltung der Regelung gewünscht hätten.

Dies ist vor allem deshalb denkbar, da nicht nur die Verbandsverantwortlichen vor der Einführung des Handschlags darüber diskutierten, ob der Handschlag

44 Für den Ablauf des Handschlags gibt es ein Protokoll (inklusive Skizze), das wie folgt lautet: »Die Heimmannschaft bleibt stehen. Die Gastmannschaft geht auf den Schiedsrichter und die Heimmannschaft zu. Im Vorbeigehen geben die Spieler dem Schiedsrichter und den Spielern der Heimmannschaft die Hand. Die Gastmannschaft geht auf seine [sic!] ursprüngliche Position zurück. Sobald der letzte Spieler der Gastmannschaft die Heimmannschaft passiert hat, führt der Spielführer der Heimmannschaft seine Mitspieler zum Handschlag am Schiedsrichter vorbei.«

ausschließlich *vor* oder zusätzlich auch *nach* dem Spiel zur Pflicht werden sollte. Letztlich wurde auf den Handschlag nach dem Spiel verzichtet, da man befürchtete, dass eventuell erst durch die Neuregelung Aggressionen provoziert werden könnten, also wenn Spieler etwa nach einer bitteren Niederlage dem Gegner »auch noch« die Hand geben müssen.

Diese Gedankenspiele griffen manche Schiedsrichter auf, die handschriftlich auf dem Fragebogen vermerkten, dass sie es sehr begrüßt hätten, wenn auch der Handschlag nach dem Spiel verpflichtend gewesen wäre. Anders als die obige Argumentation sind sie der Meinung, dass gerade aus diesem Grund der Handschlag nach dem Spiel – also quasi die Pflicht zur Gratulation – geeignet wäre, um die Spieler noch mehr auf den Fair-Play-Gedanken zu »trimmen«.

4.2.2.3 Kennzeichnungspflicht der Ordner

Die wohl umfassendste und strittigste Ordnungsänderung stellt die Kennzeichnungspflicht der Ordner dar. Dabei ist die Pflicht zur Ordnerstellung keineswegs neu, nur wurde diese durch die Benennung und Kennzeichnung augenscheinlicher und kontrollierbarer bzw. wurde ihr mehr Nachdruck verliehen. Durch die Mindestanzahl von zwei Ordnern ist nun die Diskussion obsolet, ob ein Bedarf an Ordnungskräften besteht oder nicht, wie sich der Neufassung des § 36a der wfv-Spielordnung entnehmen lässt:

> Platzordner müssen bei Bedarf in genügender Anzahl aufgeboten werden und sind mit Signalwesten kenntlich zu machen. Bei Verbands- und Verbandspokalspielen der Herren sind vom Platzverein mindestens zwei durch Signalwesten gekennzeichnete und vor dem Spiel auf dem Spielberichtsbogen namentlich zu benennende Ordner zu stellen. Dies gilt auch für Verbands- und Verbandspokalspiele der Reserve, der A- und B-Junioren sowie der Frauen, es sei denn, eine Gefährdung der Ordnung und Sicherheit ist offenkundig nicht gegeben und der Schiedsrichter besteht nicht ausdrücklich auf einer Gestellung. Den Gastvereinen wird empfohlen, bei Verbands- und Verbandspokalspielen einen Ansprechpartner für Ordnung und Sicherheit zu stellen, der durch eine Armbinde mit der Aufschrift »Gast« gekennzeichnet ist.

Diese Regelung, die auch für die Ausrichter von Hallen- und Turnierspielen gilt, wurde ebenso wie das Einrichten der Technischen Zone eher mit negativen Emotionen seitens der Vereine bedacht. Dabei war häufig von »Kanonen auf Spatzen« die Rede, insbesondere wurde der organisatorische Aufwand für zu groß erachtet.[45] Auch hier wurden wiederum die Unparteiischen gefragt, ob sie die neue Maßnahme für sinnvoll erachten oder nicht.

Abbildung 17: *Die Kennzeichnung der Ordner (durch Tragen der Weste) halte ich für eine sinnvolle Idee.*

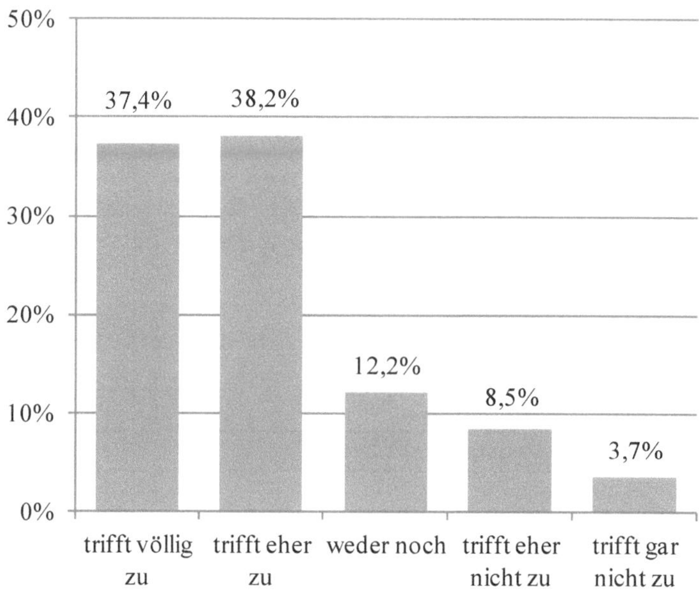

Es zeigt sich eine außerordentlich hohe Zustimmung: mehr als drei Viertel der Schiedsrichter (75,6 %) beurteilen die Kennzeichnungspflicht der Ordner wohlwollend. Damit liegen die zustimmenden Werte auch noch deutlich über denen der beiden anderen Maßnahmen, obwohl ja auch diese bereits von einer breiten Mehrheit der Schiedsrichter positiv beschieden wurden.

Die Diskussion rund um das Thema Ordnungskräfte ist damit jedoch noch längst nicht erschöpft. Zusätzlich wurden die Unparteiischen gefragt, welche Erfahrungen sie bislang mit den Ordnungskräften machten. Auf die Frage *»Haben Sie schon einmal einen Ordner-Einsatz in Anspruch genommen, um für Ruhe oder Sicherheit auf oder neben dem Platz zu sorgen?«* antworteten 25,9 Prozent der Schiedsrichter (n = 548) mit »ja«. Folglich ist der Bedarf an Ordnungskräften

45 Beispielhaft für die Diskussion um die Ordnerpflicht sind etwa die Beiträge »Totaler Schwachsinn« vom 09.09.2010 und »Thema Sicherheit entzweit Verband und Vereine« vom 10.09.2010 in den Stuttgarter Nachrichten.

durchaus gegeben; ganz abgesehen davon, wie wichtig es für das Sicherheitsgefühl eines Schiedsrichters sein kann, zu wissen, dass im Ernstfall mit Hilfe vom Spielfeldrand zu rechnen ist.
Es ist jedoch fraglich, ob es in solch einem Ernstfall ausreichend ist, dass überhaupt jemand zur Verfügung steht, oder ob es auch eine Rolle spielt, wer diese Aufgabe übernimmt. Daher wurde den Schiedsrichtern ferner folgende Frage gestellt: *»Sind Sie grundsätzlich mit den Personen, die die Vereine als Ordner stellen, zufrieden?«.*[46] Dies bejahten 82,1 Prozent der Befragten. Im Großen und Ganzen sind die meisten Unparteiischen demnach zufrieden mit den Personen, die von den Vereinen als Ordner gestellt werden. Die 17,9 Prozent, die angaben, dass sie grundsätzlich unzufrieden mit der Personenauswahl sind, wurden zusätzlich in einer offenen Variablen nach den Gründen für ihr Missfallen gefragt. Auf diese soll im Folgenden genauer eingegangen werden. Nach einer Kategorisierung ergibt sich folgendes Bild:

Tabelle 12: Gründe für die generelle Unzufriedenheit bei der Ordnerauswahl

Parteilichkeit bzw. »Vereinsbrille«	16,5%
eigener Alkoholkonsum der Ordner	5,5%
mangelnde Ernsthaftigkeit	23,2%
unzureichende Schulung	17,4%
Ungeeignetheit (ohne Konkretisierung)	10,4%
Abwesenheit der Ordner/unzureichende Kennzeichnung	14,3%
Alter der Ordnungskräfte	5,2%
aggressives Verhalten	6,4%
sonstiger Grund	1,2%

Im Großen und Ganzen dominiert bei der ablehnenden Haltung gegenüber den ausgewählten Personen der Umstand, dass die Schiedsrichter den Eindruck haben, der Ordnerdienst werde von diesen nicht ernst genommen (*»irgendwelche Ahnungslosen, wo keine Lust haben, das Amt auszuüben«*, *»viele tragen nur ihre Weste und sehen das als getane Arbeit«*, *»oft kommen Notlösungen zum Einsatz«*, *»zumeist reine Alibifunktion«*, *»gezwungene Ordner mit Desinteresse«*,

46 Um möglichst aussagekräftige Ergebnisse zu erhalten, wurde bei der Frageformulierung auf die Grundsätzlichkeit abgezielt, damit nicht einzelne Negativerlebnisse mit Ordnern das Gesamtbild verfälschen.

»sie tragen die Weste nur, weil es Vorschrift ist«, »halten das Ganze für ein Kaschperletheater!«); immerhin fast jeder vierte unzufriedene Unparteiische (23,2 %) nannte dies als ausschlaggebenden Grund.

Am zweithäufigsten wurde angemahnt, dass die Personen, die den Ordnerdienst übernehmen, nur unzureichend geschult seien (17,4 %). Die ausgewählten Personen wüssten nicht Bescheid, was zu ihren Aufgaben zählt und wie sie sich zu verhalten haben (*»die Ordner sind nicht ausgebildet«, »zum Großteil kommen inkompetente und desinteressierte Personen zum Einsatz«, »die nötige Ausbildung fehlt«, »zu wenig geschult, unprofihaft, meistens Witzfiguren«, »es fehlt oft an der Eignung zur Deeskalation beizutragen«, »willkürlich ausgewählte Personen ohne Kenntnisse«, »weil sie meistens nicht auf Konflikte geschult sind«*).

An dritter Stelle mit 16,5 Prozent wurde die Ungeeignetheit aufgrund von Parteilichkeit der Personen genannt (etwa *»die Ordner sind immer für den eigenen Verein«, »diese verfolgen den Spielverlauf zu sehr durch die Vereinsbrille«, »es sind meistens eingefleischte Fans«, »die Ordner sind oft zu befangen«, »meist emotional sehr stark mit dem Verein verbundene Personen«* oder auch *»diese wahren die gewünschte Neutralität nicht«*).

Ein weiterer Teil der Schiedsrichter (14,3 %) kritisiert, dass die Ordner schlichtweg nicht vorhanden oder nicht zu erkennen sind. Dabei kam sowohl die dauerhafte Abwesenheit (*»habe noch nie eine Person mit Ordnerweste gesehen bzw. war noch nie vorhanden«, »meistens ist niemand da bzw. steht kein Ordner zur Verfügung«, »Ordner werden selten eingetragen, der SR muss oft nachfragen!«*) als auch die temporäre Abwesenheit vom Spielfeldrand (*»bevorzugter Standort der Ordner: Würstchenstand und/oder Getränkebude«, »sie sind für den SR nicht greifbar, wenn es zu Auseinandersetzungen kommen würde!«*) zur Sprache. Selbst wenn die Ordner (irgendwo) vor Ort sind, kann der Schiedsrichter nicht immer auf sie zurückgreifen, wenn der Kennzeichnungspflicht nicht ordnungsgemäß nachgekommen wird (*»man sieht sie meistens gar nicht, erst wenn es drauf ankommt, ist es manchmal schon zu spät«, »sind selten vorstellig oder gekennzeichnet«*).

Jeder zehnte unzufriedene Schiedsrichter (10,4 %) bemängelt die Ordnerauswahl, jedoch ohne genauer zu konkretisieren, warum die Personen ungeeignet für den Ordnerdienst seien (*»es werden ungeeignete Personen ausgewählt«, »teilweise unseriöses Auftreten«, »sehr oft werden einfach total unfähige Personen zur Verfügung gestellt!«, »lustlos, nicht geeignet«, »die Auswahl der Ordner ist eher fragwürdig«*).

Unerfreulicherweise berichteten Schiedsrichter (6,4 %) auch von einer zugespitzten Form der Parteilichkeit von Ordnern, und zwar dergestalt, dass diese selbst zu aggressivem Verhalten neigen (*»einige der Ordner meckern und schreien zusammen mit den Zuschauern«, »meistens die größten Unruhestifter«, »diese beschimpfen den Schiri auch«, »teilweise sind die Ordner an*

Eskalationen mit- oder hauptverantwortlich«, »diese reklamieren meist selbst!«, »viele Ordner schreien am lautesten!«).

Einen weiteren Kritikpunkt stellt der Alkoholkonsum der Ordner dar, der von 5,5 Prozent der unzufriedenen Schiedsrichter vorgebracht wurde (*»sie missbilligen die Tätigkeit z.B. durch Genuss von Alkohol«, »die Ordner saufen (fast alle)«, »auch diese konsumieren oft während dem Spiel Alkohol«, »die rauchen und saufen und sind weit von dem Geschehen weg«, »weil sie alkoholische Getränke zu sich nehmen und selber lautstark gegen den SR sind«, »führen oft Ordnertätigkeit unter Alkohol durch«*).

Auch wurde das Alter der Ordnungskräfte von einigen Befragten (5,2 %) beanstandet. Dabei werden die Ordner teils als zu alt, teils aber auch als zu jung angesehen (*»es sind oft Rentner oder Leute, die sich nicht durchsetzen können«, »20jährige oder Frauen«, »es sind oft auch alte oder sehr junge Ordner«, »es sind überwiegend ältere Ordner, die keine Sicherheit geben, da sie nicht in der Lage sind bei jungen Zuschauern für Ruhe zu sorgen«, »oft zu jung und dementsprechend unerfahren im Umgang mit Konflikten«*). Verschwindend gering war die Nennung sonstiger Gründe mit 1,2 Prozent (bspw. *»diese Personen sollten stärker gebaut sein«*).

So bleibt festzuhalten, dass die Schiedsrichter teils mit der Umsetzung bzw. Durchführung der Neuregelung unzufrieden sind (also etwa der Kennzeichnung der Ordner) und teils die hierfür ausgewählten Personen – aus den unterschiedlichsten Gründen – für ungeeignet halten. Auch wenn die Begründungen streckenweise kein gutes Licht auf die Vereine werfen, ist zu berücksichtigen, dass diese Kritik nur von einem kleineren Teil der Schiedsrichter geäußert wurde. Die Mehrzahl der Unparteiischen ist demnach zufrieden mit den zur Verfügung gestellten Ordnern, so dass festzuhalten ist, dass sich die meisten Vereine durchaus bemühen, die neuen Bestimmungen sachgerecht zu erfüllen.

4.2.2.4 Bewertung der Änderungen im Gesamten

Trotzdem scheint – zumindest stellenweise – eine Diskrepanz zwischen Theorie und Praxis zu herrschen. So befindet eine überwältigende Mehrheit der befragten Schiedsrichter die neuen Regelungen, insbesondere die Kennzeichnungspflicht der Ordner, für sinnvoll. Gleichzeitig deutet die Frage nach der Zufriedenheit mit den Ordern darauf hin, dass die Umsetzung der Regelung noch verbesserungswürdig ist. Daher wurden die Schiedsrichter zusätzlich gebeten, einzuschätzen, inwieweit die drei Neuregelungen tatsächlich angewandt werden, ob diese doch eher unnötig sind und ob sich die Neuerungen derart in der Praxis bewährt haben, dass man davon sprechen kann, dass sie die Sicherheit auf den württembergischen Fußballplätzen merklich verbessert haben.

In Anlehnung an die Kritik der Vereine – sowie als zusätzliche Kontrollmöglichkeit für die Fragen nach der Sinnigkeit der einzelnen Maßnahmen – sollten die Unparteiischen zunächst beurteilen, ob die Ordnungsänderungen überhaupt notwendig waren.

Abbildung 18: *Die neuen Regelungen sind überflüssig.*

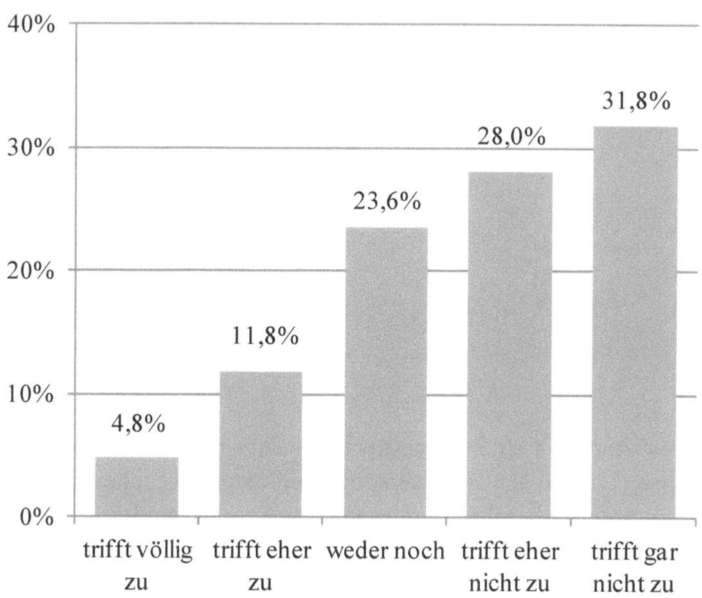

16,6 Prozent der Schiedsrichter vertreten demnach die Meinung, dass man der neuen Regelungen nicht bedarf, knapp ein Viertel (23,6 %) ist diesbezüglich unentschlossen. Mit 59,8 Prozent sieht jedoch der Großteil der Befragten durchaus eine Daseinsberechtigung für die neuen Regelungen im Gesamten. Eng verknüpft mit der Frage nach der grundsätzlichen Überflüssigkeit ist auch die Überlegung, inwieweit die Regelungen in der Praxis überhaupt angekommen sind und auch umgesetzt werden.

Abbildung 19: *Die neuen Regelungen sind gut gemeint, werden in der Praxis aber nicht befolgt.*

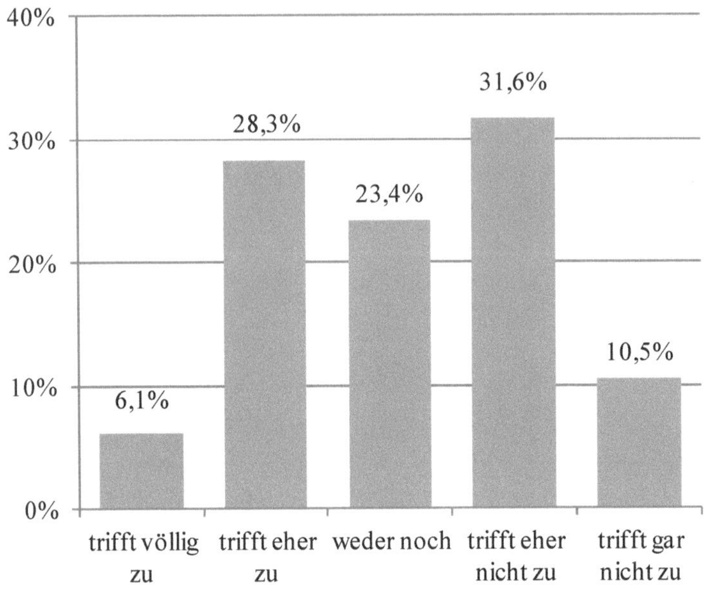

Auch hier zeigt sich ein breit gestreutes Meinungsbild. Immerhin ein Drittel der Befragten (34,4 %) hat das Gefühl, dass die neuen Maßnahmen in der Praxis nicht wie vorgesehen befolgt werden. Interessant wäre diesbezüglich, ob diese Schiedsrichter die Nichtbefolgung auch melden oder gewissermaßen tolerieren. Schließlich ist es auch ihre Aufgabe, auf die Einhaltung der neuen Maßnahmen zu achten.

Allerdings ist einzuräumen, dass es in den ersten Monaten Anlaufschwierigkeiten bei der Umsetzung auf Verbandsseite gab. Vor allem in der Hinrunde der Spielzeit 2010/2011 kam es teilweise zu Problemen mit den Ordnerwesten, da nicht allen Vereinen rechtzeitig zu Beginn der Saison wie angekündigt Signalwesten zur Verfügung gestellt werden konnten. Auch gab es eine Übergangsphase, in der die Nichtbefolgung der neuen Regelungen keine Bestrafung nach sich zog. Zum Befragungszeitpunkt waren die Regelungen jedoch bereits über ein Jahr in Kraft getreten, so dass diesem Ergebnis durchaus Beachtung geschenkt werden muss.

Im weiteren Fortgang des Fragebogens wurden die Schiedsrichter gefragt, ob sich die Sicherheit für sie durch die neuen Maßnahmen merklich verbessert hat.

Abbildung 20: *Die neuen Regelungen des wfv zur Saison 2010/2011 haben die Sicherheit auf den Plätzen spürbar verbessert.*

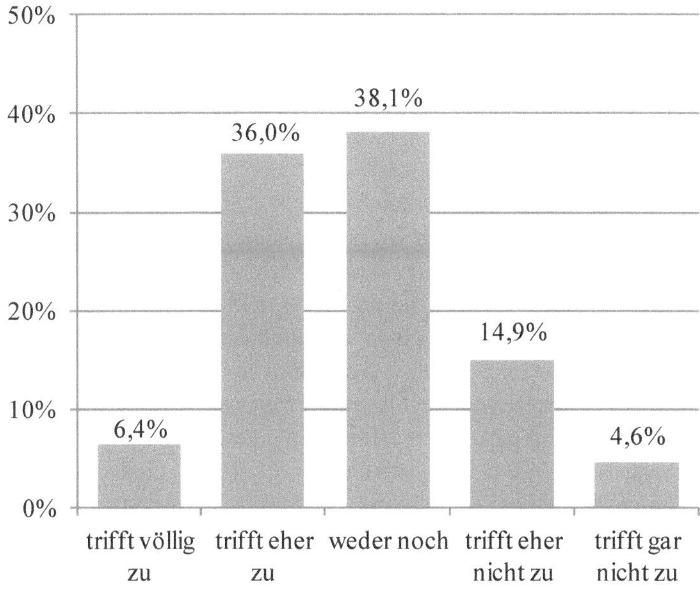

Immerhin 42,4 Prozent nehmen eine spürbare Verbesserung wahr. Dies ist einerseits positiv zu werten, da die neuen Präventionsmaßnahmen durchaus Erfolge zu erzielen scheinen.

Gleichzeitig ist jedoch die Mehrzahl der Schiedsrichter der Meinung, dass keine nennenswerten Veränderungen eingetreten sind. Dieser Befund könnte sich auf mehrere Ursachen zurückführen lassen. So ist denkbar, dass die Maßnahmen (noch) keine Wirkung zeigen, da sie nicht richtig implementiert wurden, etwa durch den soeben beschriebenen Mangel an Signalwesten. Zum anderen ist aber auch vorstellbar, dass ein Teil der Schiedsrichter eine Verbesserung der Sicherheitslage gar nicht für notwendig oder möglich hält, da ihrer Meinung nach kein Gefahrenpotential vorliegt, etwa in Bezirken, die nur geringfügig mit Gewaltvorkommnissen belastet sind.[47]

47 So weisen bspw. die Bezirke Stuttgart und Enz/Murr in absoluten Zahlen besonders viele (2009/2010: 79 bzw. 74), die Bezirke Nördlicher Schwarzwald (11) und Riß (7) besonders wenige Gewaltvorkommnisse aus. Da keine Angaben zur Gesamtanzahl der Spiele der jeweiligen Bezirke bzw. SR-Gruppen vorliegen, ist ein Abgleich derzeit nicht mög-

4.2.3 Einschätzung des Ausbildungs- und Fortbildungsbedarfs

Die Umsetzung solch neuer Regelungen steht und fällt für gewöhnlich mit der Akzeptanz der Schiedsrichter, so dass es sehr erfreulich ist, dass die meisten Befragten diesen gegenüber sehr aufgeschlossen waren. Jedoch nützen alle neuen Regelungen – gleich welcher Art – wenig, wenn die Schiedsrichter nicht über das richtige »Rüstzeug« auf dem Platz verfügen, um souverän mit Konfliktsituationen umgehen zu können.

In Vorgesprächen mit den württembergischen Schiedsrichterlehrwarten und anderen Verbandsverantwortlichen wurde angemerkt, dass das Lernen und Wiederholen der Fußballregeln absoluten Vorrang vor allen anderen Inhalten hat und für andere Belange dementsprechend nur wenig Zeit und Raum bleibt.[48] Dies ist durchaus legitim: was nützt ein noch so vermittelnder und einfühlsamer Schiedsrichter, der nicht in der Lage ist, eine Abseitsposition zu erkennen? Dennoch ist neben der Notwendigkeit von Regelkenntnis zu beachten, welche zusätzlichen Fähigkeiten auf den Fußballplätzen erforderlich (geworden) sind.[49] So lässt sich etwa die Frage stellen, ob bei denjenigen Unparteiischen, die bereits vor mehreren Jahrzehnten ausgebildet wurden, eventuell ein Nachholbedarf besteht. Denkbar ist aber auch, dass diese Schiedsrichter dies nicht für erforderlich halten, da sie im Gegensatz zu ihren neueren Kollegen über große Erfahrungswerte verfügen. Nicht zuletzt aus diesem Grund wurden die Schiedsrichter gefragt, wie sie ihre eigene Ausbildungssituation einschätzen und ob sie weiteren Schulungs- und Weiterbildungsbedarf für sich und ihre Kollegen bejahen.

Diesen Überlegungen voran gestellt ist jedoch von großer Bedeutung, welche Rolle sich die Schiedsrichter selbst zuschreiben, inwieweit sie der Meinung sind, überhaupt Einfluss auf das Geschehen auf dem Platz zu haben. Um herauszufinden, ob sich der einzelne Schiedsrichter als aktiven Part wahrnimmt, der eigenverantwortlich agiert oder aber ausschließlich auf Ereignisse reagiert, wurde das Statement »*Wenn ein Konflikt auf dem Platz eskaliert, liegt das auch am Verhalten des Schiedsrichters*« zur Einschätzung vorgelegt.

lich. In anschließenden Untersuchungen wird jedoch der Versuch unternommen werden, diese Vermutung zu verifizieren.

48 Wie bereits eingangs in Kapitel 2.3 erwähnt, sind im Württembergischen Fußballverband für die Schiedsrichterausbildung sechs bis acht Ausbildungstage innerhalb von vier bis sechs Wochen vorgesehen. Im Anschluss sind jährlich vier Lehrabende verpflichtend.

49 SCHLATTER & WERTH betonen z.B. die Notwendigkeit der Förderung der kommunikativen Kompetenz (2010: 97).

Abbildung 21: *Wenn ein Konflikt auf dem Platz eskaliert, liegt das auch am Verhalten des Schiedsrichters.*

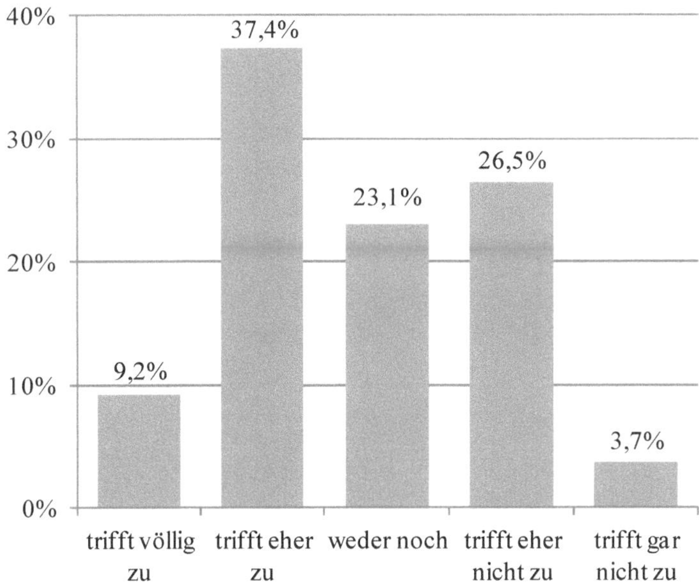

Auch wenn nur sehr wenige Schiedsrichter der Meinung sind, ihr Verhalten spiele überhaupt gar keine Rolle (3,7 %), ist die Gesamttendenz doch etwas überraschend. Nicht einmal die Hälfte der befragten Unparteiischen stimmte völlig bzw. eher zu (46,6 %), obwohl das Statement bewusst so unbestimmt formuliert wurde, dass der Schiedsrichter eben *auch* einen Beitrag dazu liefert, was auf dem Platz geschieht.

Ob die 30,2 Prozent der Schiedsrichter, die das Statement ablehnten, das Schiedsrichteramt eher so auffassen, dass sie nur ein passiver Begleiter des Spiels anstatt eines aktiven Leiters sind, oder aber ob sie ihre Einwirkungsmöglichkeiten massiv unterschätzen, sei zunächst dahingestellt. Jedenfalls formulieren die Schiedsrichter-Lehrwarte des DFB in einem aktuellen Lehrbrief das Grobziel, dass die Schiedsrichter erkennen müssen, »dass der Spielcharakter maßgeblich von ihrem Auftreten im Umgang mit den Spielern beeinflusst wird« (THIELKING & VOSS 2012: 7). Angesichts dieser Ergebnisse scheint dieses Ziel noch in weiter Ferne zu sein.

Des Weiteren wurden die Unparteiischen gefragt, inwieweit sie ihrer Meinung nach im Umgang mit Konflikten geschult wurden.

Abbildung 22: *In meiner SR-Ausbildung wurde ich gut auf den Umgang mit Konflikten vorbereitet.*

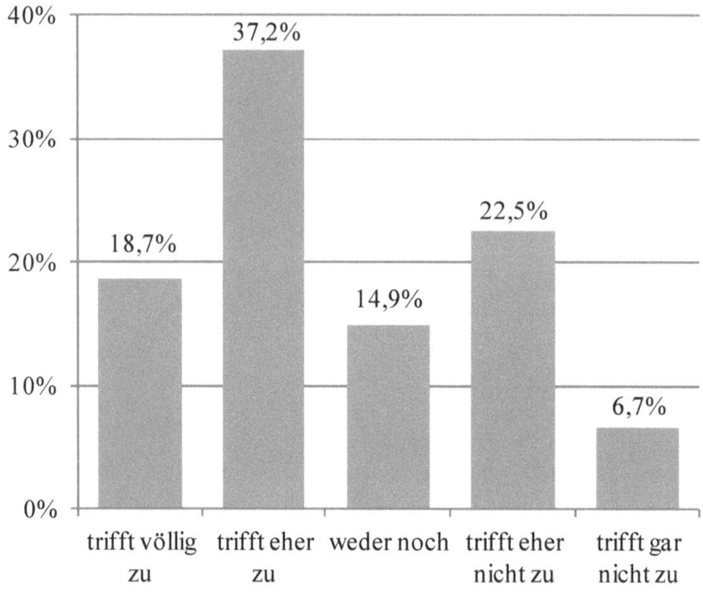

Mehr als die Hälfte der Schiedsrichter (55,9 %) ist der Meinung, dass völlig bzw. eher zutrifft, dass sie in ihrer Schiedsrichterausbildung gut auf den Umgang mit Konflikten vorbereitet wurden. Demgegenüber stehen 29,2 Prozent, die dies eher bis völlig verneinen. Diese eklatanten Unterschiede könnten ein Indiz dafür sein, dass sich die Ausbildung von Ort zu Ort erheblich voneinander unterscheidet. Zwar finden die meisten Schulungen dezentral statt, dennoch sind die Schulungsinhalte in den Neulingskursen standardisiert vorgegeben. Auch für die Fortbildungsabende für die bereits ausgebildeten Schiedsrichter gibt es jährlich vorgegebene Themen, so dass kaum mit Lokalkolorit argumentiert werden kann.[50] Daher liegt die Vermutung nahe, dass die Ursache für diese Unterschiede an anderer Stelle zu suchen ist. Denkbar ist zum einen, dass sich die Ausbildung im Laufe der Zeit (in welche Richtung auch immer) maßgeblich verändert hat, oder zum anderen, dass die Gründe hierfür in der Person des Schiedsrichters oder seines Umfelds zu suchen sind.

50 Ausgewertet auf Ebene der 16 Bezirke finden sich teilweise zwar Unterschiede, jedoch haben diese alleine noch keinen Erklärungswert.

Im Anschluss an die Frage nach der Schulungssituation wurden die Schiedsrichter gefragt, ob sie eigene Strategien entwickelt haben, um mit Konflikten auf dem Fußballplatz umzugehen. Gut zwei Drittel der Befragten (65,9 %) bejahten dies, wie der folgenden Abbildung zu entnehmen ist.

Abbildung 23: *Ich habe eigene Strategien zum Umgang mit Konflikten auf dem Fußballplatz entwickelt.*

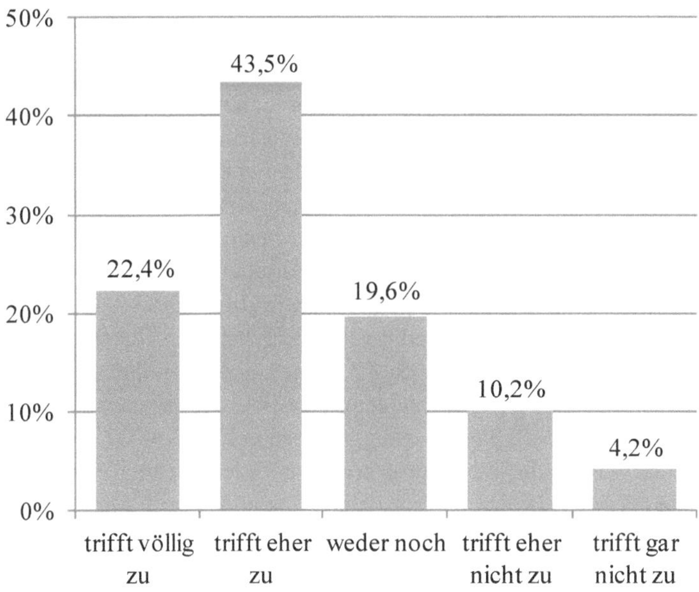

Ob das Entwickeln eigener Strategien zum Umgang mit Konflikten positiv oder negativ zu werten ist, ist durchaus diskutabel. So ist es zwar vollauf wünschenswert, wenn Schiedsrichter ihre Persönlichkeit mit einbringen und dabei möglichst authentisch sind. Andererseits sollte nicht jeder »sein eigenes Süppchen kochen«, sondern vielmehr angestrebt werden, dass verbandsweit eine gewisse Einheitlichkeit auf den Fußballplätzen herrscht.

Zumindest lassen sich diese Ergebnisse auch als Zeichen für das Vorhandensein eines Problembewusstseins interpretieren, die die Antworttendenzen der vorangegangenen Frage etwas relativieren.

Unter dem Eindruck der bisherigen Ergebnisse zur Ausbildung der Schiedsrichter ist es nun besonders spannend, ob die Schiedsrichter selbst ein Defizit wahrnehmen bzw. einen zusätzlichen Schulungsbedarf bei sich und ihren Kollegen sehen. Die Frage *»Sehen Sie hinsichtlich des Umgangs mit Konflikten weiteren Schulungs- oder Weiterbildungsbedarf für die Schiedsrichter?«* bejahten 70,9 Prozent der Schiedsrichter.

Beim Probedurchlauf des Fragebogens in Tuttlingen wurden die Schiedsrichter zusätzlich noch in einer offenen Variablen gefragt, welche konkreten Schulungs- oder Weiterbildungsangebote sie sich wünschen würden. Von denjenigen Schiedsrichtern, die zusätzliche Fortbildungen erstrebenswert hielten, machten aber nur 60 Prozent gezielte Vorschläge bzw. äußerten ihre Wünsche, während die anderen 40 Prozent das Antwortfeld frei ließen. Aus dieser Schwierigkeit, den Bedarf ganz konkret zu benennen, wurde nicht zuletzt aus Platzgründen darauf verzichtet, diese Frage im Fragebogen beizubehalten. Dennoch soll nicht unerwähnt bleiben, was die Tuttlinger Schiedsrichter an zusätzlichem Bedarf gemeldet haben: alle Vorschläge gingen in dieselbe Richtung, besonders häufig genannt wurden jedoch Deeskalations-, Kommunikations- bzw. Verhaltenstrainings, aber auch Schulungen im Bereich der Selbstverteidigung.

Zur Beantwortung der Frage, welche Schiedsrichter einen Fortbildungsbedarf sehen und welche nicht, wurden zunächst einige persönliche Angaben miteinander verglichen. Allerdings zeigten sich dabei kaum Unterschiede. Sowohl das Durchschnittsalter (nein: 37,6 Jahre, ja: 39,0 Jahre) als auch die durchschnittliche Erfahrung als Schiedsrichter (nein: 13,9 Jahre, ja: 14,5 Jahre) unterscheiden sich nur unwesentlich, auch die Spielklasse liefert keinen nennenswerten Erklärungswert. Diejenigen Schiedsrichter, die zuvor angaben, in ihrer Ausbildung gut auf Konflikte vorbereitet worden zu sein, verneinten erwartungsgemäß häufiger einen Fortbildungsbedarf (vgl. Anhang, Tabelle A10). Des Weiteren sehen die Schiedsrichter, die für die Gewaltproblematik aufgrund eigener Erfahrungen sensibilisiert sind, grundsätzlich häufiger einen Schulungs- und Fortbildungsbedarf (vgl. Anhang, Tabelle A11). Den Schiedsrichtern sollten aus diesem Grund nicht nur präventive Angebote, sondern auch hinreichend Möglichkeiten zur Aufarbeitung von Erlebtem geschaffen werden.

5. Diskussion und Schlussfolgerungen

Rund 72 Prozent der Befragten fühlen sich persönlich (fast) immer sicher bei der Ausübung des Schiedsrichteramtes. Ob man dabei der Lesart zustimmen möchte, dass sich der Großteil der Schiedsrichter sicher fühle, oder ob es bedenkenswert ist, dass dies für 28 Prozent nicht immer zutrifft, bleibt jedem selbst überlassen. Dabei steht völlig außen vor, dass es die absolute Sicherheit natürlich nicht geben kann. Jedoch sollte alles daran gesetzt werden, dass die Schiedsrichter die Fußballplätze angstfrei betreten können.

Das Sicherheitsgefühl ist auch davon abhängig, ob und wie ein Schiedsrichter in der Vergangenheit persönlich mit Gewaltvorkommnissen in Berührung kam. Nur ein Bruchteil der Schiedsrichter wurde in der Vergangenheit bislang weder beleidigt, bedroht oder tätlich angegriffen. Der Großteil der Befragten wurde hingegen mit solchen Handlungen konfrontiert, wenn auch in unterschiedlicher Häufigkeit. Erwartungsgemäß werden die Schiedsrichter deutlich häufiger beleidigt als bedroht oder gar tätlich angegriffen. »Im Eifer des Gefechts« wird der Schiedsrichter häufig verbal attackiert; es ist davon auszugehen, dass die meisten ausgesprochenen Drohungen keinen ernstlichen Hintergrund haben, sondern eher Beleidigungen gleichzustellen sind. Erschreckend ist jedoch, dass immerhin 17,3 Prozent der befragten Unparteiischen die Erfahrung mindestens eines tätlichen Angriffs machen mussten. Es ist zu vermuten, dass die tatsächliche Belastung aller Schiedsrichter noch höher ist als hier dokumentiert. Die Konzeption der Untersuchung dürfte zu einer systematischen Unterschätzung der Zahlen führen, da ausschließlich aktive Schiedsrichter einbezogen wurden. Diejenigen, die etwa aufgrund des Erlebens massiver Gewaltvorkommnisse als Schiedsrichter aufgehört haben, werden so nicht erfasst.

Der jeweilige Umgang mit erlittenen Beleidigungen, Bedrohungen und Tätlichkeiten gestaltet sich ganz unterschiedlich. Erfreulich ist jedoch, dass die Ursachen für die Nichtmeldung größtenteils in der Attitüde der Schiedsrichter begründet sind. Die Schiedsrichter melden die Vorkommnisse zumeist aus freien Stücken nicht, da sie sich nicht persönlich verletzt fühlen bzw. ein »dickes Fell« haben oder auch aus Bequemlichkeit bzw. um Zeit zu sparen. Ab und an wird auch wider Willen auf eine Meldung aufgrund vermuteter Aussichtslosigkeit verzichtet, bspw. wenn der Täter für den Schiedsrichter nicht feststellbar war. Hierbei handelt es sich jedoch eher um eine Ausnahme als die Regel.

In der Literatur wird zudem als Grund für die Nichtanzeige von Kriminalität mangelndes Vertrauen in die Strafverfolgungsbehörden aufgeführt (vgl. z.B. KURY 2001: 79). Auf die Sportgerichte scheint dies nicht zuzutreffen, das Vertrauen der Schiedsrichter in die Sportgerichtsbarkeit ist groß: von den 2602 befragten Schiedsrichtern haben weniger als ein Dutzend Unparteiische artikuliert, dass sie auf eine Meldung verzichteten, da ihrer Meinung nach ohnehin nichts unternommen werde.

Werden die Daten zur Opferwerdung und die Daten zum persönlichen Sicherheitsgefühl in Relation gesetzt, zeigen sich interessante Effekte. Mit Ausnahme einer kleinen Gruppe, die gegen jegliche Angriffe immun zu sein scheint, nimmt das Sicherheitsempfinden mit zunehmender Viktimisierungserfahrung ab. Diejenigen, die Opfer wurden, sind im Schnitt älter und erfahrener als ihre unbelasteten Kollegen. Da bei der Erfassung der Opferwerdung auf die Lebenszeitprävalenz abgestellt wurde, ist dieser Befund dahingehend zu interpretieren, dass das Risiko bedroht oder tätlich angegriffen zu werden, grundsätzlich steigt, je länger die Unparteiischen ihrem Ehrenamt nachgehen. Diesen Wechselwirkungen in weiteren Analysen noch genauer nachzugehen, wäre ein lohnenswertes Unterfangen.

Zur Implementierung der Kennzeichnungspflicht der Ordner bleibt festzuhalten, dass es sich dabei um eine sehr überzeugende Idee handelt. Es ist äußerst sinnvoll, im Ernstfall eine Barriere zwischen Konfliktparteien zu schaffen.[51] Auch wenn Konflikte zwischen Einzelpersonen (z.B. ein Schlag ins Gesicht) nicht durch Ordnungskräfte am Spielfeldrand verhindert werden können, sind sie jedoch in Funktion als »Wellenbrecher« dazu in der Lage, dass sich Konflikte nicht ausweiten und eskalieren.

Es stellt sich jedoch die Frage, ob die Umsetzung dieser Idee auch uneingeschränkt geglückt ist. Grundsätzlich wäre es natürlich wünschenswerter, wenn es sich bei den Ordnungskräften um unabhängige Personen handeln würde, die nicht dem Heimverein angehören. Dies ist jedoch angesichts der Vielzahl von Spielen momentan nicht zu leisten. Viele (kleine) Vereine klagen schon jetzt über die Zusatzbelastung in Form der nun verpflichtenden Ordnergestellung.

Wie sich gezeigt hat, ist die Frage der Besetzung der Ordner aus Sicht der Schiedsrichter von elementarer Bedeutung. Auch wenn die erwünschte Neutralität nur eingeschränkt zu erreichen ist,[52] könnten bereits kleine Maßnahmen teil-

51 Zu unterschiedlichen Möglichkeiten der Beeinflussung von Konfliktprozessen wird auf GLASL 2004 verwiesen.

52 Es würde sich jedoch durchaus lohnen, darüber nachzudenken, ob der wfv bei »Problemspielen«, also bspw. etwa dann, wenn auch eine Verbandsaufsicht angezeigt ist, einen un-

weise Abhilfe schaffen, um den Wünschen der Schiedsrichter nachzukommen. So wäre es bspw. ein Leichtes, die Ordner zu verpflichten, sich vor Spielbeginn beim Schiedsrichter vorzustellen. Auch wenn dies eigentlich ohnehin die Höflichkeit gebieten würde, ist das offenkundig häufig nicht der Fall, wie einige Schiedsrichter berichteten. Das Vorstellen der Ordner hätte gleich zwei Vorteile: der Schiedsrichter wüsste sofort, an wen er sich im Ernstfall wenden kann, dadurch fühlt er sich sicherer und kann das Spiel befreiter leiten. Zudem wird den ausgewählten Ordnern nochmals vor Augen geführt, dass sie tatsächlich eine Aufgabe haben und mehr leisten müssen, als nur die Weste zu tragen. Dadurch könnte man auch die teils zu beobachtende Unart, dass die Westen während des Spiels mehrfach weiter gereicht werden (z.B. von Ersatzspielern, die den Ordnerdienst übernehmen, bis sie eingewechselt werden), unterbinden.

Zu befürworten sind auch der Handschlag vor dem Spiel und das Einrichten der Technischen Zone. Wie bereits erwähnt, lässt sich der Handschlag vor dem Spiel nur sehr eingeschränkt evaluieren, da er der primären Prävention zuzuordnen ist. Die Zustimmung der Schiedsrichter zu dieser Maßnahme spricht jedoch für sich. Bezüglich der Technischen Zone ist festzuhalten, dass nach Meinung der Schiedsrichter insbesondere die Trainer von Mannschaften besonders häufig durch aggressives Verhalten auffallen. Ein »Im-Zaum-halten« durch eine begrenzte Fläche wie eine Technische Zone ist daher ein richtiger Ansatzpunkt.

Noch ungelöst ist hingegen der Umgang mit dem aggressiven Verhalten von Zuschauern, das die Schiedsrichter offensichtlich wahrnehmen und als störend empfinden. Das Zuschauerverhalten im Profibereich bzw. von organisierten Fangruppen steht bereits seit vielen Jahrzehnten im Fokus der Öffentlichkeit und der Forschung (vgl. z.B. WEIS et al. 1982, SCHULZ & WEBER 1982). Der Einfluss von Zuschauern »auf aggressive und gewalttätige Stimmungen auf den Amateursportplätzen« hingegen wurde bislang eher vernachlässigt (LÜTZENKIRCHEN 2003: 19). Präventionsansätze gibt es bislang im Bereich der Elternarbeit (vgl. AGEL et al. 2010: 117), welche in Württemberg aber auch noch ausbaufähig sind. Es wäre wünschenswert, wenn gerade auch diese Konfliktpotentiale verstärkt in der Aus- und Fortbildung der Schiedsrichter behandelt würden. Wie die Befragung zeigte, sehen 70,9 Prozent der Schiedsrichter einen zusätzlichen Bedarf an Angeboten zum Umgang mit schwierigen Situationen. Sollte eine flächendeckende und verpflichtende Einführung eines Konfliktmoduls aufgrund organisatorischer, zeitlicher oder finanzieller Schwierigkeiten

abhängigen Ordnerdienst einsetzen sollte. Dieser Überlegung wird an anderer Stelle nachgegangen werden.

nicht möglich sein, könnten alternativ auch Seminare angeboten werden, die die Schiedsrichter bei Interesse auf freiwilliger Basis besuchen könnten.

Bevor jedoch weitere Maßnahmen in Betracht gezogen werden können, ist es von großer Wichtigkeit, die neu eingeführten Regelungen fest zu installieren. Nach der Startoffensive darf keine Verwässerung der Maßnahmen stattfinden. Mancherorts lässt sich bedauerlicherweise die Tendenz feststellen, dass keine Ordner(-westen) auf den Plätzen mehr zu sehen sind. Auch sollte darüber nachgedacht werden, in regelmäßigen Abständen weiterhin Ordnerschulungen anzubieten bzw. die Vereine dabei zu unterstützen, ihre Ordner angemessen ausbilden zu können.

Es liegt in der Verantwortung des Verbands, die (zumindest aus Schiedsrichtersicht) gelungenen Neuregelungen auch durchzusetzen, ebenso wie die Aufarbeitung der aufgeführten Problembereiche. Die Gründung der neuen Anti-Gewalt-Kommission »Für Toleranz und Fairness« zeigt den richtigen Weg auf: in sechs Arbeitsbereichen bzw. Ressorts (sportpädagogische Konzepte, Gewalt gegen Schiedsrichter, Sportgerichte/Repression, Mediation, Integration, Rassismus) sind unterschiedliche Experten vertreten. Jedoch sind alle bislang berufenen Mitglieder nur ehrenamtlich für den wfv tätig, wodurch immer die Gefahr besteht, dass sich die Kommission zu einem »Papiertiger« entwickeln könnte.[53] Gerade bei der Implementierung neuer Maßnahmen, eventuell auch experimenteller Ideen, würde der Transfer in die Praxis erleichtert, sofern hauptamtliche Zuständigkeiten geschaffen würden.

Andere Verbände verfügen bereits über fest etablierte Strukturen für Gewaltprävention, so etwa der Hessische Fußball-Verband e.V., einer der Vorreiter in Sachen Konfliktmanagement (vgl. BECKER & MAAS 2010: 67f.). Nur durch stetigen innerverbandlichen Kontakt, etwa zur Schiedsrichterabteilung, kann gewährleistet werden, dass sich die Kommission adäquat mit den Gewaltvorkommnissen auf Verbandsebene auseinandersetzen kann. Da leider davon auszugehen ist, dass das Thema Gewalt im Fußball – und damit auch Gewalt gegen Schiedsrichter – alle Verantwortlichen weiterhin beschäftigen wird, ist dem Verband nahe zu legen, sich noch intensiver zu engagieren.

53 Sehr positiv zu werten ist die Ausrichtung einer Arbeitstagung »gemeinsam statt gewaltsam« der DFB-Landesverbände und des DFB durch Kommissionsmitglieder im Juni 2012.

Literaturverzeichnis

Agel, Sandra & Hammelmann, Thomas & Reisenauer, Beatriz (2010): Arbeit mit Eltern im Verein. In: Ribler, Angelika & Pulter, Astrid (Hrsg.): Konfliktmanagement im Fußball. Frankfurt, Seite 117-120.

Albrecht, Dirk & Musahl, Hans-Peter (1979): Das Schiedsrichterphänomen – ein Syndrom? In: Albrecht, Dirk (Hrsg.): Fußballsport. Ergebnisse sportwissenschaftlicher Forschung. Theorie und Praxis der Sportspiele; Band 2. 1. Auflage. Berlin, Seite 33-64.

Albrecht, Hans-Jörg (2006): Fußball und Gewalt. Entwicklungen, Erklärungsansätze und Prävention. In: Monatsschrift für Kriminologie und Strafrechtsreform. Jahrgang 89, Heft 3, Seite 158-174.

Bals, Nadine (2004): Kriminalität als Stress – Bedingungen der Entstehung von Kriminalitätsfurcht. In: Soziale Probleme. Zeitschrift für soziale Probleme und soziale Kontrolle, Jahrgang 15, Heft 1, Seite 54-76.

Becker, Torsten & Maas, Eric (2010): Konfliktbearbeitung in Satzung und Ordnung des Hessischen Fußball-Verbandes. In: Ribler, Angelika & Pulter, Astrid (Hrsg.): Konfliktmanagement im Fußball. Frankfurt, Seite 67-70.

Bette, Karl-Heinrich (2010): Sportsoziologie. Bielefeld.

BFA-INFO (1988): Informationsblatt der Basler Freizeitaktion (BFA). Gewalt im und um den Sport I. September 1988. Basel.

BMI & BMJ (2006): Zweiter Periodischer Sicherheitsbericht. Paderborn.

Brosius, Felix (2011): SPSS 19. Heidelberg u.a.

Domberg, Rainer (2009): Der Schiedsrichter – verbandsrechtliche Rahmenbedingungen und Praxiserfahrungen. In: Württembergischer Fußballverband e.V. (2009): Der Schiedsrichter im Spannungsfeld zwischen Anforderung und Überforderung – oder: Die Fehlbarkeit des Schiedsrichters als Rechtsproblem. Tagungsband des wfv-Sportrechtsseminars vom 28.-30. September 2007 in Wangen/Allgäu. Baden-Baden, Seite 9-20.

Dost, Maik (2003): Kriminalitätsfurcht und subjektives Sicherheitsempfinden – einleitende Erkenntnisse (1). In: Landeskommission Berlin gegen Gewalt (Hrsg.): Berliner Forum Gewaltprävention Nr. 12: Kriminalitätsopfer. Berlin, Seite 25-31.

Ebersberger, Hans & Malka, Johannes & Pohler, Rudi (1989): Schiedsrichter im Fußball. Ein Lehrbuch für Schiedsrichter, Trainer und Spieler. 2. Auflage, Wiesbaden.

Ehmig, Reinhold & Röchling, Alexander (2006): wfv – für Toleranz und Fairness – gegen Gewalt. Aktionen des Württembergischen Fußballverbandes gegen Gewalt im Fußball in Kooperation mit dem Landeskriminalamt Baden-Württemberg. In: Forum Kriminalprävention, Heft 3, Seite 20-27.

Feiner, Robert (2011): Der Schiedsrichter im Fußball. Mächtig in seinen Entscheidungen – Einflüssen ohnmächtig ausgesetzt? Hamburg.

Gabler, Hartmut (1987): Aggressive Handlungen im Sport. Ein Beitrag zur theoretischen und empirischen Aggressionsforschung. 2., überarbeitete und erweiterte Auflage, Schorndorf.

Gabler, Hartmut & Schulz, Hans-Joachim & Weber, Robert (1982): Zuschaueraggressionen – eine Feldstudie über Fußballfans. In: Pilz, Gunter et al. (Hrsg.): Sport und Gewalt: Berichte der Projektgruppe »Sport und Gewalt« des Bundesinstituts für Sportwissenschaft. Schorndorf, Seite 23-59.

Gemünden, Jürgen (2003): Gewalt in Partnerschaften im Hell- und Dunkelfeld. Zur empirischen Relevanz der Gewalt gegen Männer. In: Lamnek, Siegfried & Boatcă, Manuela (Hrsg.): Geschlecht – Gewalt – Gesellschaft. Opladen, Seite 333-353.

Gerisch, Gunnar (2002a): Aggression im Fußball. Band 1: Gesellschaftliche Bedingungen, theoretische Grundlagen und Positionen in der Praxis. 1. Auflage. Hamburg.

Gerisch, Gunnar (2002b): Aggression im Fußball. Band 2: Testmethodische Entwicklung eines Fragebogens zur sportartspezifischen Begriffsbestimmung »aggressiver Spielhandlungen« und zur Erfassung von Einstellungen zu Regeln und Normen im Wettkampf. 1. Auflage. Hamburg.

Glasl, Friedrich (2004): Konfliktmanagement. Ein Handbuch für Führungskräfte, Beraterinnen und Berater. 8., aktualisierte und ergänzte Auflage. Stuttgart.

Gugel, Günther (2006): Gewalt und Gewaltprävention. Grundfragen, Grundlagen, Ansätze und Handlungsfelder von Gewaltprävention und ihre Bedeutung für Entwicklungszusammenarbeit. Tübingen.

Heinz, Wolfgang (2004): Kommunale Kriminalprävention aus wissenschaftlicher Sicht. In: Kerner, Hans-Jürgen & Marks, Erich (Hrsg.): Internetdokumentation Deutscher Präventionstag. Hannover. [Quelle: http://www.praeventionstag.de/content/9_praev/doku/heinz/index_9_heinz.html]

Hermann, Dieter & Simsa, Christiane (2003): Lebensstile, Opferwerdung und Kriminalitätsfurcht. In: Dölling, Dieter & Feltes, Thomas & Heinz, Wolfgang & Kury, Helmut (Hrsg.): Kommunale Kriminalprävention – Analysen und Perspektiven – Ergebnisse der Begleitforschung zu den Pilotprojekten in Baden-Württemberg. Holzkirchen, Seite 222-232.

Hilpert, Horst (2009): Das Fußballstrafrecht des Deutschen Fußball-Bundes (DFB): Kommentar zur Rechts- und Verfahrensordnung des Deutschen Fußball-Bundes (RuVO) nebst Erläuterungen von weiteren Rechtsbereichen des DFB, der FIFA, der UEFA, der Landesverbände. Berlin.

Hilpert, Horst (2010): Die Fehlentscheidungen der Schiedsrichter. Berlin.

Hirtenlehner, Helmut & Meško, Gorazd & Vosnjak, Ljubo (2009): Die problematische Beziehung von Opfererfahrungen und Sicherheitsgefühl. Überprüfung einer kognitiven Viktimisierungs-Furcht-Theorie. In: Monatsschrift für Kriminologie und Strafrechtsreform, Jahrgang 92, Heft 5, Seite 423-446.

Jürgens-El Hansali, Frauke & Trenschel, Wolfgang (2003): Gewalt beim Fußball – Erwachsenenfußball. Projektbericht im Fach Kriminalistik, Zeitraum SS 2001 bis WS 2002/2003. Berlin.

Kaiser, Günther (1996): Kriminlogie: ein Lehrbuch. 3., völlig neu bearbeitete und erweiterte Auflage. Heidelberg.

Kerner, Hans-Jürgen (1986): Verbrechensfurcht und Viktimisierung. In: Haesler, Walter T. (Hrsg.): Viktimologie. Grüsch, Seite 131-159.

Kerner, Hans-Jürgen (1994): Kriminalprävention. Ausgewählte strukturelle Überlegungen. In: Kriminalistik, Jahrgang 48, Nr. 3, Seite 171-178.

Kett-Straub, Gabriele (2012): Hooliganismus in Deutschland. Phänomenologie, Abgrenzung zu den »Ultras«, Drittortauseinandersetzung, Erklärungsansätze und Prävention. In: Neue Kriminalpolitik, Heft 3, Seite 98-106.

Kiefl, Walter & Lamnek, Siegfried (1986): Soziologie des Opfers. München.

Kindhäuser, Urs (2010): Strafgesetzbuch. Lehr- und Praxiskommentar. 4. Auflage. Baden-Baden.

Kraft, Armin (2001): Die Bekämpfung der Gewalt im Umfeld des Sports (insbesondere von Fußballveranstaltungen): zu präventiven Maßnahmen und strafrechtlichen Sanktionen. Tübingen.

Kube, Edwin (1996): Kriminalprävention. In: Kniesel, Michael & Kube, Edwin & Murck, Manfred (Hrsg.): Handbuch für Führungskräfte der Polizei. Lübeck, Seite 603-635.

Kury, Helmut (2001): Das Dunkelfeld der Kriminalität. Oder: Selektionsmechanismen und andere Verfälschungsstrukturen. In: Kriminalistik, Jahrgang 55, Nr. 2, Seite 74-84.

Lützenkirchen, H.-Georg (2002): Aggressionen und Gewalt im Amateurfußball – Wahrnehmungen und Einschätzungen aus der Praxis. Ergebnisse einer Befragung von Funktionsträgern der Fußballkreise im Bereich des Fußball-Verbandes Mittelrhein e.V. Köln.

Lützenkirchen, H.-Georg (2003): Fußball und Gewalt. In: Kerner, Hans-Jürgen & Marks, Erich (Hrsg.): Internetdokumentation Deutscher Präventionstag. Hannover. [Quelle: http://www.praeventionstag.de/content/6_praev/doku/luetzenkirchen/index_6_luetzenkirchen.html]

Memmert, Daniel & Unkelbach, Christian & Ertmer, Julia & Rechner, Michael (2008): Gelb oder kein Gelb? Persönliche Verwarnungen im Fußball als Kalibrierungsproblem. In: Zeitschrift für Sportpsychologie, Jahrgang 15, Heft 1, Seite 1-11.

Müller, Peter & Pulter, Astrid (2006): Module für Schiedsrichter und Schiedsrichterbeauftragte. In: Ribler, Angelika & Pulter, Astrid (Hrsg.): Konfliktmanagement im Fußball. Handbuch zum Projekt »Interkulturelle Konfliktvermittlung - Mediation im Fußball« 1998-2005. Frankfurt, Seite 33-37.

Mummendey, Amélie & Mummendey, Hans Dieter (1983): Aggressive behavior of soccer players as social interaction. In: Goldstein, Jeffrey H. (Hrsg.): Sports Violence. New York, Seite 111-128.

Obergfell-Fuchs, Joachim & Kury, Helmut (1996): Sicherheitsgefühl und Persönlichkeit. In: Monatsschrift für Kriminologie und Strafrechtsreform, Jahrgang 79, Heft 2, Seite 97-113.

Pilz, Gunter A. & Trebels, Andreas H. (1976): Aggression und Konflikt im Sport. Standortbestimmung der Aggressions- und Konfliktforschung im Sport und Diskussion aus erziehungswissenschaftlicher Sicht. 1. Auflage. Ahrensburg.

Pilz, Gunter A. (1982): Körperliche Gewalt von Sportlern – Zum aktuellen Stand sportwissenschaftlicher Forschung. In: Pilz, Gunter A. (Hrsg.): Sport und körperliche Gewalt. Reinbek, Seite 35-49.

Quandt, Axel (1999): Die Bedrohtheitsgefühle der Bürger als sensibler Indikator der objektiven Gefährdung durch Kriminalität und die mangelnde Aussagekraft der amtlichen Kriminalitätsstatistik. Berlin.

Pulter, Astrid & Pulter, Klaus & Ribler, Angelika (2006): Ergebnisse der Evaluation von Rechtsurteilen des HFV. In: Ribler, Angelika & Pulter, Astrid (Hrsg.): Konfliktmanagement im Fußball. Handbuch zum Projekt »Interkulturelle Konfliktvermittlung – Mediation im Fußball« 1998-2005. Frankfurt, Seite 61-66.

Ribler, Angelika (2003): Schiri, wir wissen wo dein Auto steht! Konfliktmanagement und Gewaltprävention im Jugend- und Amateurfußball. In: deutsche jugend – Zeitschrift für die Jugendarbeit, Heft 12, Seite 515-523.

Ribler, Angelika (2010): Systemtheoretische Grundlagen des Konfliktmanagements im Fußball. In: Ribler, Angelika & Pulter, Astrid (Hrsg.): Konfliktmanagement im Fußball. Frankfurt, Seite 39-46.

Rimkus, Nils (2001): «Schiri – was pfeifst Du denn da ... ?!« Eine explorative Studie zur Schiedsrichter-Kommunikation im Fußball als Strategie permanenter Autoritätserhaltung. Bochum.

Rössner, Dieter (1996): Sportliches Handeln zwischen Aggression, Regel und Fairness. Eine Positionsbestimmung mit Überlegungen zur Gewaltverhütung im Sportspiel. In: Conzelmann, Achim & Gabler, Hartmut & Schlicht, Wolfgang (Hrsg.): Soziale Interaktionen und Gruppen im Sport. Bericht über die Tagung der Arbeitsgemeinschaft für Sportpsychologie vom 25. bis 27. Mai 1995 in Tübingen. 1. Auflage. Köln, Seite 163-174.

Schäfer, Herbert (1999): Das gesteuerte Dunkelfeld. Kritische Anmerkungen zu willkürlichen Beeinflussungen statistischer Dunkelfelder. In: Kriminalistik, Jahrgang 53, Nr. 12, Seite 805-810.

Scheithauer, Herbert & Rosenbach, Charlotte & Niebank, Kay (2008): Gelingensbedingungen für die Prävention von interpersonaler Gewalt im Kindes- und Jugendalter: Expertise zur Vorlage bei der Stiftung Deutsches Forum für Kriminalprävention. Bonn.

Scherer, Judith & Winands, Martin (2010): Konfliktbelastungen im Amateurfußball. In: Ribler, Angelika & Pulter, Astrid (Hrsg.): Konfliktmanagement im Fußball. Frankfurt, Seite 47-54.

Schlatter, Claus & Werth, Heiner (2010): Management von Konfliktpotentialen (Prävention). Modul für Schiedsrichter. In: Ribler, Angelika & Pulter, Astrid (Hrsg.): Konfliktmanagement im Fußball. Frankfurt, Seite 95-97.

Schlösser, H. J. (1988): Sozialprofil und Rolle des Schiedsrichters im Sport – exemplarisch untersucht in den Kreisen Bad Kreuznach, Kaiserslautern, Ludwigshafen und Worms des SWFV und bei den Spitzenschiedsrichtern des DFB. Unveröffentlichte Diplomarbeit, Johannes-Gutenberg-Universität Mainz. Zitiert nach: Teipel, Dieter & Kemper, Reinhild & Heinemann, Dirk (1999): Beanspruchung von Schiedsrichtern und Schiedsrichterinnen im Fußball. Wissenschaftliche Berichte und Materialien des Bundesinstituts für Sportwissenschaft, Band 8. 1. Auflage. Köln.

Schulz, Hans-Joachim & Weber, Robert (1982): Zuschauerausschreitungen – Das Problem der Fans. In: Pilz, Gunter A. (Hrsg.): Sport und körperliche Gewalt. Reinbek, Seite 55-71.

Schwind, Hans-Dieter & Baumann, Jürgen & Schneider, Ursula & Winter, Manfred (1990): Gewalt in der Bundesrepublik Deutschland. Endgutachten der Unabhängigen Regierungskommission zur Verhinderung und Bekämpfung von Gewalt (Gewaltkommission). In: Schwind, Hans-Dieter & Baumann, Jürgen & Lösel, Friedrich (Hrsg.): Ursachen, Prävention und Kontrolle von Gewalt. Analysen und Vorschläge der Unabhängigen Regierungskommission zur Verhinderung und Bekämpfung von Gewalt (Gewaltkommission). Band I. Endgutachten und Zwischengutachten der Arbeitsgruppen. Berlin.

Schwind, Hans-Dieter (2011): Kriminologie. Eine praxisorientierte Einführung mit Beispielen, 21., neubearbeitete u. erweiterte Auflage. Heidelberg.

Stahl, Silvester (2010): Sportgerichtsurteile im Berliner Fußball-Verband 1999-2009. Potsdam.

Teipel, Dieter & Kemper, Reinhild & Heinemann, Dirk (1999): Beanspruchung von Schiedsrichtern und Schiedsrichterinnen im Fußball. Wissenschaftliche Berichte und Materialien des Bundesinstituts für Sportwissenschaft, Band 8. 1. Auflage. Köln.

Thiel, Ansgar (2002): Konflikte in Sportspielmannschaften des Spitzensports. Entstehung und Management. Schorndorf.

Thiel, Ansgar (2003): Soziale Konflikte. Bielefeld.

Thiel, Ansgar & Ribler, Angelika (2009): Mediation von Konflikteskalationen in Sportorganisationen. In: Breuer, Christoph & Thiel, Ansgar (Hrsg.): Handbuch Sportmanagement, 2., ergänzte Auflage. Schorndorf, Seite 55-68.

Thielking, Günter & Voss, Carsten (2012): DFB-Lehrbrief für Fußball-Schiedsrichter. Ausgabe 42: Agieren statt reagieren – leiten statt pfeifen ...präventives Schiedsrichter-Verhalten. Frankfurt/Main.

Unkelbach, Christian & Memmert, Daniel (2010): Crowd noise as a cue in referee decisions contributes to the home advantage. Journal of Sport & Exercise Psychology, Volume 32, Issue 4, Seite 483-498.

Vester, Thaya (2012): Neue Maßnahmen gegen Gewaltvorkommnisse auf dem Fußballplatz im Amateurbereich. Eine Forschungsskizze und erste Ergebnisse. In: Neue Kriminalpolitik, Heft 3, Seite 92-97.

Walter, Michael (1998): Über subjektive Kriminalität. Am Beispiel des Kriminalitätsanstiegs. In: Schwind, Hans-Dieter et al. (Hrsg.): Festschrift für Hans Joachim Schneider zum 70. Geburtstag am 14. November 1998. Kriminologie an der Schwelle zum 21. Jahrhundert. Berlin, New York, Seite 119-136.

Weis, Kurt & Backes, Peter & Gross, Bernd & Jung, Dirk (1982): Zuschauerausschreitungen und das Bild vom Fußballfan. In: Pilz, Gunter et al. (Hrsg.): Sport und Gewalt: Berichte der Projektgruppe »Sport und Gewalt« des Bundesinstituts für Sportwissenschaft. Schorndorf, Seite 61-95.

Winkel, Frans Willem (1998): Fear of crime and criminal victimization. Testing a theory of psychological incapacitation of the «stressor« based on downward comparison processes. In: The British Journal of Criminology, Volume 38, Number 3, Seite 473-484.

Wolf, Paul-Gerhard (1962): Die Kriminalität bei Fußballspielen: eine kriminologische Untersuchung. Freiburg.

Zieher, Wolfgang (2009): Fehlverhalten des Schiedsrichters aus strafrechtlicher Sicht. In: Württembergischer Fußballverband e.V. (2009): Der Schiedsrichter im Spannungsfeld zwischen Anforderung und Überforderung – oder: Die Fehlbarkeit des Schiedsrichters als Rechtsproblem. Tagungsband des wfv-Sportrechtsseminars vom 28.-30. September 2007 in Wangen/Allgäu. Baden-Baden, Seite 25-44.

Tabelle A1: Homogenitätstest zu *Ich fühle mich auf dem Fußballplatz sicher* & Opferwerdung

Test der Homogenität der Varianzen			
Opferwerdung			
Levene-Statistik	df1	df2	Signifikanz
1,814	4	2521	,123

Tabelle A2: ANOVA zu *Ich fühle mich auf dem Fußballplatz sicher* & Opferwerdung

Einfaktorielle ANOVA					
Opferwerdung					
	Quadratsumme	df	Mittel der Quadrate	F	Signifikanz
Zwischen den Gruppen	22,489	4	5,622	4,979	,001
Innerhalb der Gruppen	2846,736	2521	1,129		
Gesamt	2869,226	2525			

Tabelle A3: Mehrfachvergleiche zu *Ich fühle mich auf dem Fußballplatz sicher* & Opferwerdung

Mehrfachvergleiche						
Abhängige Variable: Opferwerdung						
Ich fühle mich auf dem Fußballplatz sicher.		Mittlere Differenz	Std-fehler	Signi-fikanz	95%-Konfidenzintervall	
					U-Grenze	O-Grenze
(fast) immer	häufig	-,097	,049	,290	-,23	,04
	manchmal	-,223	,136	,473	-,59	,15
	selten	-,773*	,259	,024	-1,48	-,07
	nie	-1,302	,532	,103	-2,75	,15
häufig	(fast) immer	,097	,049	,290	-,04	,23
	manchmal	-,126	,141	,897	-,51	,26
	selten	-,676	,261	,073	-1,39	,04
	nie	-1,206	,533	,158	-2,66	,25
manchmal	(fast) immer	,223	,136	,473	-,15	,59
	häufig	,126	,141	,897	-,26	,51
	selten	-,550	,290	,321	-1,34	,24
	nie	-1,079	,548	,281	-2,58	,42
selten	(fast) immer	,773*	,259	,024	,07	1,48
	häufig	,676	,261	,073	-,04	1,39
	manchmal	,550	,290	,321	-,24	1,34
	nie	-,529	,591	,898	-2,14	1,08
nie	(fast) immer	1,302	,532	,103	-,15	2,75
	häufig	1,206	,533	,158	-,25	2,66
	manchmal	1,079	,548	,281	-,42	2,58
	selten	,529	,591	,898	-1,08	2,14
*. Die Differenz der Mittelwerte ist auf dem Niveau 0.05 signifikant.						

Tabelle A4: Homogenitätstest zu *Ich denke darüber nach als Schiedsrichter aufzuhören, da man auf dem Platz häufig großem Druck ausgesetzt ist* & Opferwerdung

Test der Homogenität der Varianzen			
Opferwerdung			
Levene-Statistik	df1	df2	Signifikanz
1,761	4	2470	,134

Tabelle A5: ANOVA zu *Ich denke darüber nach als Schiedsrichter aufzuhören, da man auf dem Platz häufig großem Druck ausgesetzt ist* & Opferwerdung

Einfaktorielle ANOVA					
Opferwerdung					
	Quadratsumme	df	Mittel der Quadrate	F	Signifikanz
Zwischen den Gruppen	21,312	4	5,328	4,680	,001
Innerhalb der Gruppen	2811,873	2470	1,138		
Gesamt	2833,185	2474			

Tabelle A6: Mehrfachvergleiche zu *Ich denke darüber nach als Schiedsrichter aufzuhören, da man auf dem Platz häufig großem Druck ausgesetzt ist* & Opferwerdung

Mehrfachvergleiche						
Abhängige Variable: Opferwerdung						
Ich denke darüber nach als Schiedsrichter aufzuhören, da man auf dem Platz häufig großem Druck ausgesetzt ist.		Mittlere Differenz	Std-fehler	Signi-fikanz	95%-Konfidenzintervall	
					U-Grenze	O-Grenze
(fast) immer	häufig	,622	,519	,753	-,80	2,04
	manchmal	,385	,483	,932	-,93	1,70
	selten	,645	,479	,663	-,66	1,95
	nie	,709	,478	,573	-,60	2,01
häufig	(fast) immer	-,622	,519	,753	-2,04	,80
	manchmal	-,237	,219	,815	-,83	,36
	selten	,022	,210	1,000	-,55	,59
	nie	,087	,207	,993	-,48	,65
manchmal	(fast) immer	-,385	,483	,932	-1,70	,93
	häufig	,237	,219	,815	-,36	,83
	selten	,260*	,087	,023	,02	,50
	nie	,325*	,080	,001	,11	,54
selten	(fast) immer	-,645	,479	,663	-1,95	,66
	häufig	-,022	,210	1,000	-,59	,55
	manchmal	-,260*	,087	,023	-,50	-,02
	nie	,065	,050	,691	-,07	,20
nie	(fast) immer	-,709	,478	,573	-2,01	,60
	häufig	-,087	,207	,993	-,65	,48
	manchmal	-,325*	,080	,001	-,54	-,11
	selten	-,065	,050	,691	-,20	,07
*. Die Differenz der Mittelwerte ist auf dem Niveau 0.05 signifikant.						

Tabelle A7: Homogenitätstest zu *Der wfv müsste insgesamt für mehr Sicherheit sorgen* & Opferwerdung

Test der Homogenität der Varianzen			
Opferwerdung			
Levene-Statistik	df1	df2	Signifikanz
13,649	4	2502	,000

Tabelle A8: ANOVA zu *Der wfv müsste insgesamt für mehr Sicherheit sorgen* & Opferwerdung

Einfaktorielle ANOVA					
Opferwerdung					
	Quadratsumme	df	Mittel der Quadrate	F	Signifikanz
Zwischen den Gruppen	80,505	4	20,126	18,128	,000
Innerhalb der Gruppen	2777,742	2502	1,110		
Gesamt	2858,247	2506			

Tabelle A9: Mehrfachvergleiche zu *Der wfv müsste insgesamt für mehr Sicherheit sorgen* & Opferwerdung

Mehrfachvergleiche						
Abhängige Variable: Opferwerdung						
Der wfv müsste insgesamt mehr für die Sicherheit der Schiedsrichter sorgen.		Mittlere Differenz	Std-fehler	Signi-fikanz	95%-Konfidenzintervall	
					U-Grenze	O-Grenze
trifft völlig zu	trifft eher zu	,245*	,069	,003	,06	,43
	weder noch	,492*	,071	,000	,30	,69
	zu	,472*	,071	,000	,28	,67
	trifft gar nicht zu	,461*	,109	,000	,16	,76
trifft eher zu	trifft völlig zu	-,245*	,069	,003	-,43	-,06
	weder noch	,247*	,055	,000	,10	,40
	zu	,227*	,056	,000	,07	,38
	trifft gar nicht zu	,216	,100	,200	-,06	,49
weder noch	trifft völlig zu	-,492*	,071	,000	-,69	-,30
	trifft eher zu	-,247*	,055	,000	-,40	-,10
	zu	-,020	,058	,997	-,18	,14
	trifft gar nicht zu	-,032	,101	,998	-,31	,25
trifft eher nicht zu	trifft völlig zu	-,472*	,071	,000	-,67	-,28
	trifft eher zu	-,227*	,056	,000	-,38	-,07
	weder noch	,020	,058	,997	-,14	,18
	trifft gar nicht zu	-,011	,102	1,000	-,29	,27
trifft gar nicht zu	trifft völlig zu	-,461*	,109	,000	-,76	-,16
	trifft eher zu	-,216	,100	,200	-,49	,06
	weder noch	,032	,101	,998	-,25	,31
	zu	,011	,102	1,000	-,27	,29
*. Die Differenz der Mittelwerte ist auf dem Niveau 0.05 signifikant.						

Tabelle A10: Kreuztabelle SR-Ausbildung/Fortbildungsbedarf

			Sehen Sie hinsichtlich des Umgangs mit Konflikten weiteren Schulungs- oder Weiterbildungsbedarf für die Schiedsrichter?	
			nein	ja
In meiner SR-Ausbildung wurde ich gut auf den Umgang mit Konflikten vorbereitet.	trifft völlig zu	Anzahl	192	254
			43,0%	57,0%
	trifft eher zu	Anzahl	317	597
			34,7%	65,3%
	weder noch	Anzahl	98	271
			26,6%	73,4%
	trifft eher nicht zu	Anzahl	90	468
			16,1%	83,9%
	trifft gar nicht zu	Anzahl	18	150
			10,7%	89,3%
Gesamt		Anzahl	715	1740
			29,1%	70,9%

Tabelle A11: Kreuztabelle Opferwerdung/Fortbildungsbedarf

			Sehen Sie hinsichtlich des Umgangs mit Konflikten weiteren Schulungs- oder Weiterbildungsbedarf für die Schiedsrichter?	
			nein	ja
Opferwerdung in der Vergangenheit	gänzlich unbelastet	Anzahl	461	957
			32,5%	67,5%
	"nur" bedroht	Anzahl	142	433
			24,7%	75,3%
	"nur" tätlich	Anzahl	14	42
			25,0%	75,0%
	bedroht und tätlich	Anzahl	86	286
			23,1%	76,9%
Gesamt		Anzahl	703	1718
			29,0%	71,0%

SR-Gruppe: ____________________ Datum: __________

EBERHARD KARLS UNIVERSITÄT TÜBINGEN

Liebe Schiedsrichterinnen und Schiedsrichter,

im Rahmen meiner Doktorarbeit am Institut für Kriminologie führe ich in Kooperation mit dem wfv eine Studie zu Gewaltvorkommnissen im Amateurfußball durch. Da Sie solche Vorkommnisse am ehesten hautnah miterleben können, interessiert mich Ihre Wahrnehmung. Ich würde mich freuen, wenn Sie mir hierzu einige Fragen beantworten könnten. Alle Angaben sind selbstverständlich freiwillig und werden anonym behandelt.

Herzlichen Dank für Ihre Mitarbeit! *Thaya Vester, M.A.*

I. „Auf dem Platz"

1. Inwieweit trifft folgendes auf Sie zu?

Bitte ein Kreuz pro Zeile	(fast) immer	häufig	manch-mal	selten	nie
a) Vor Spielen, die ich leite, habe ich ein unbehagliches Gefühl.	□	□	□	□	□
b) Ich fühle mich auf dem Fußballplatz sicher.	□	□	□	□	□
c) Ich denke darüber nach als Schiedsrichter aufzuhören, da man auf dem Platz häufig großem Druck ausgesetzt ist.	□	□	□	□	□

2. Haben Sie schon einmal eine Spielleitung abgelehnt, da Sie sich nicht sicher fühlten?

□ nein

□ ich habe zwar darüber nachgedacht, letztendlich dann aber doch gepfiffen

□ ja, und zwar weil: ______________________________

3. Bitte kreuzen Sie an, inwieweit Sie folgenden Aussagen zustimmen.

Bitte ein Kreuz pro Zeile	trifft völlig zu	trifft eher zu	weder noch	trifft eher nicht zu	trifft gar nicht zu
a) In meiner SR-Ausbildung wurde ich gut auf den Umgang mit Konflikten vorbereitet.	□	□	□	□	□
b) Der wfv müsste insgesamt mehr für die Sicherheit der Schiedsrichter sorgen.	□	□	□	□	□
c) Ich habe eigene Strategien zum Umgang mit Konflikten auf dem Fußballplatz entwickelt.	□	□	□	□	□
d) Wenn ein Konflikt auf dem Platz eskaliert, liegt das auch am Verhalten des Schiedsrichters.	□	□	□	□	□

4. Sehen Sie hinsichtlich des Umgangs mit Konflikten weiteren Schulungs- oder Weiterbildungsbedarf für die Schiedsrichter?

□ nein

□ ja

1

5. Folgende Personengruppen fallen Ihrer Meinung nach auf dem Fußballplatz durch aggressives Verhalten auf:

Bitte ein Kreuz pro Zeile	(fast) immer	häufig	manch-mal	selten	nie
a) Spieler	☐	☐	☐	☐	☐
b) Trainer	☐	☐	☐	☐	☐
c) Vereinsverantwortliche	☐	☐	☐	☐	☐
d) Zuschauer im Allgemeinen	☐	☐	☐	☐	☐
e) Eltern bei Juniorenspielen	☐	☐	☐	☐	☐
f) vereinseigene Linienrichter	☐	☐	☐	☐	☐
g) sonstige Personen, und zwar: ____________________	☐	☐	☐	☐	☐

6. Bitte kreuzen Sie an, ob Sie diesen Aussagen zustimmen oder nicht zustimmen.

Bitte ein Kreuz pro Zeile	trifft völlig zu	trifft eher zu	weder noch	trifft eher nicht zu	trifft gar nicht zu
a) Die neuen Regelungen des wfv zur Saison 2010/2011 haben die Sicherheit auf den Plätzen spürbar verbessert.	☐	☐	☐	☐	☐
b) Die Kennzeichnung der Ordner (durch Tragen der Weste) halte ich für eine sinnvolle Idee.	☐	☐	☐	☐	☐
c) Das Einrichten einer Technischen Zone halte ich für eine sinnvolle Idee.	☐	☐	☐	☐	☐
d) Den Handschlag vor dem Spiel halte ich für eine sinnvolle Idee.	☐	☐	☐	☐	☐
e) Die neuen Regelungen sind gut gemeint, werden in der Praxis aber nicht befolgt.	☐	☐	☐	☐	☐
f) Die neuen Regelungen sind überflüssig.	☐	☐	☐	☐	☐

7. Haben Sie schon einmal einen Ordner-Einsatz in Anspruch genommen, um für Ruhe oder Sicherheit auf oder neben dem Platz zu sorgen?

☐ nein

☐ ja

8. Sind Sie grundsätzlich mit den Personen, die die Vereine als Ordner stellen, zufrieden?

☐ ja

☐ nein, weil:____

2

9. Sind Sie selbst in Ihrer Tätigkeit als Schiedsrichter bereits beleidigt worden (ganz gleich, ob von Spielern, Trainern oder Zuschauern etc.)?

☐ nie → *weiter mit 12.* ☐ manchmal ☐ (fast) immer

☐ selten ☐ oft

10. Sofern Sie schon mindestens einmal beleidigt wurden: haben Sie immer alle Vorkommnisse gemeldet?

☐ ja → *weiter mit 12.*

☐ nein

11. Falls nein, was waren die Gründe dafür? *Mehrfachnennungen möglich*

☐ ich habe darüber hinweggesehen, da ich mich nicht persönlich verletzt gefühlt habe

☐ aus Scheu vor der Schreibarbeit

☐ ich habe eine Lösung ohne Einschaltung des Sportgerichts gewählt

☐ ich hatte Probleme, den Vorfall in Worte zu fassen

☐ ____

12. Sind Sie selbst in Ihrer Tätigkeit als Schiedsrichter bereits bedroht worden?

☐ nie → *weiter mit 15.* ☐ manchmal

☐ selten ☐ häufig

13. Sofern Sie schon mindestens einmal bedroht wurden: haben Sie immer alle Vorkommnisse gemeldet?

☐ ja → *weiter mit 15.*

☐ nein

14. Falls nein, was waren die Gründe dafür? *Mehrfachnennungen möglich*

☐ ich habe darüber hinweggesehen, da ich mich nicht persönlich verletzt gefühlt habe

☐ aus Scheu vor der Schreibarbeit

☐ ich habe eine Lösung ohne Einschaltung des Sportgerichts gewählt

☐ ich hatte Probleme, den Vorfall in Worte zu fassen

☐ ____

15. Sind Sie selbst in Ihrer Tätigkeit als Schiedsrichter bereits tätlich angegriffen worden?

☐ nie → *weiter mit 18.* ☐ zweimal ☐ mehr als fünfmal

☐ einmal ☐ drei- bis viermal ☐ mehr als zehnmal

3

16. Sofern Sie mindestens schon einmal <u>tätlich angegriffen</u> wurden: haben Sie immer alle Vorkommnisse gemeldet?

☐ ja → *weiter mit 18.*

☐ nein

17. Falls nein, was waren die Gründe dafür? *Mehrfachnennungen möglich*

☐ ich habe darüber hinweggesehen, da ich mich nicht persönlich verletzt gefühlt habe

☐ aus Scheu vor der Schreibarbeit

☐ ich habe eine Lösung ohne Einschaltung des Sportgerichts gewählt

☐ ich hatte Probleme, den Vorfall in Worte zu fassen

☐ ____

II. Persönliche Angaben

18. Sie sind Schiedsrichter seit

☐☐☐☐ (Jahr)

19. Ihre höchste (jemals erreichte) Qualifikation ging bis zur Spielklasse (Herren)

☐ Jugend	☐ KLA	☐ VL
☐ KLC	☐ Bez. L	☐ OL
☐ KLB	☐ LL	☐ höher als OL

20. Wie viele Spielleitungen haben Sie in der letzten Saison in etwa übernommen?

☐ bis zu 15 bzw. die Mindestzahl an Pflichtspielen

☐ 16 bis 30

☐ 31 bis 45

☐ 46 bis 60

☐ mehr als 60

21. Ihr Geschlecht

☐ männlich

☐ weiblich

22. Ihre Nationalität

☐ deutsch

☐ andere, und zwar: ______________________

23. Ihr Geburtsjahr

☐☐☐☐

24. Ihr höchster erreichter Bildungsabschluss

☐ ohne Abschluss

☐ noch Schüler(in)/Student(in)

☐ Hauptschulabschluss

☐ Mittlere Reife, Realschulabschluss

☐ Fachhochschulreife

☐ Abitur, allgemeine Hochschulreife

☐ Studium

☐ Sonstiges

4

Zeitfracht Medien GmbH
Ferdinand-Jühlke-Straße 7
99095 Erfurt, Deutschland
produktsicherheit@kolibri360.de